AF185994

Hans-Jürgen Reichelt

(M)ein anderer Weg gegen Krebs?
- Der Ansatz Reichelt -

Gewidmet allen an Krebs Erkrankten

sowie

**meiner Frau
und meinen Töchtern**

1. Ausgabe

© 2017 Hans-Jürgen Reichelt

Umschlaggestaltung: Markus Heusmann
Lektorat:

Verlag: tredition GmbH, Halenreie 42, 22359 Hamburg

Druck in Deutschland und weiteren Ländern

ISBN Taschenbuch: 978-3-7439-6870-7
ISBN Hardcover: 978-3-7439-6871-4
ISBN e-Book: 978-3-7439-6872-1

Bibliografische Information der Deutschen Nationalbibliothek:
Die Deutsche Nationalbibliothek verzeichnet diese Publikation in der Deutschen Nationalbibliografie; detaillierte bibliografische Daten sind im Internet über https://portal.dnb.de abrufbar

Inhaltsverzeichnis

Einführung

Am Anfang des Weges stand meine eigene Krebserkrankung. Im Dezember 2015 wurde bei mir aufgrund erheblicher Magenbeschwerden eine Magenspiegelung mit Entnahme einer Gewebeprobe durchgeführt. Ein sich eher zufällig auch über die Brust erstreckendes CT zeigte einen kleinen Tumor in meinem rechten Lungenflügel. Eine mir erst viele Monate später zugänglich gewordene erste Verdachtsdiagnose des damaligen Krankenhauses ging bereits schon von einem Bauchspeicheldrüsen-Krebs aus.

Im Januar 2016 wurde mir in einer Lungenklinik dieser nur etwa erbsengroße Tumor mittels einer minimalinvasiven OP aus der Lunge entfernt. Der spätere histologische Befund zeigte, dass es sich tatsächlich um die Metastase eines Pankreas Karzinoms gehandelt hatte. Auf der ursprünglichen CT-Aufnahme war auch zu sehen, dass der linke Lungenflügel übersät war mit unzähligen, winzigen weißen Pünktchen, wohl alles weitere, noch winzige, Metastasen, wie mir der Chefarzt der Lungenklinik erklärte. Wo ich, außer in der Bauchspeicheldrüse selbst, sonst noch sich entwickelnde Tumore haben könnte, wurde nicht weiter untersucht.

Nach Abholung des histologischen Befundes wurde ich von meiner Frau nach Hause gefahren. Selbst fühlte ich mich zu schwach zum Auto fahren. Dabei war mir bewusst, dass ich, zu der Zeit 70 Jahre alt, mein Leben gelebt habe und sah die vorbei streichende Umwelt bereits mit ganz anderen Augen an, mit denen eines Todgeweihten. Das war übrigens ein ganz seltsames, nicht beschreibbares, irgendwie unwirkliches Lebensgefühl! Zu diesem Zeitpunkt beschloss ich, keinen weiteren Krebsarzt mehr aufzusuchen und mich keinerlei weiterer schulmedizinischer Behandlung zu unterziehen, also auch auf Chemotherapie zu verzichten. Bis heute, Oktober 2017, habe ich, außer Besuchen unseres Haus- und Dorfarztes wegen anderer gesundheitlicher Probleme, tatsächlich keinen weiteren Schulmediziner mehr aufgesucht, nicht einmal den mich ursprünglich einweisenden Facharzt!

Aufgrund völliger Beschwerdefreiheit, wieder leicht angestiegenen Gewichts, etwas wiedergekehrter Kräfte, keinem Gefühl des permanenten Frierens mehr, wieder gewonnener Fähigkeit des Lächelns und sogar des unbeschwerten Lachens, gehe ich inzwischen davon aus, dass ich vom Krebs geheilt bin, natürlich ohne dass das aber ärztlich festgestellt werden konnte, da ich ja keinen Arzt mehr aufgesucht habe. Meines Wissens gilt man erst nach 5 Jahren Krebsfreiheit als geheilt. Ich selbst fühle mich jedoch jetzt schon so, bald 2 Jahre nach erster Diagnose. Meine Frau und ich betreiben wieder gemeinsame Zukunftsplanung, haben uns sogar ein „neues" altes Haus gekauft, in welches wir noch sehr viel Arbeit reinstecken müssen.

Wenn ich also im Verlaufe des Skripts bei mir bzw. bei meinen gemachten Erfahrungen von „Heilung" spreche, meine ich stets diesen von mir *so empfundenen* Zustand, wobei ich mir aber sehr sicher bin, dass tatsächlich völlige Heilung eingetreten ist.

Im Februar 2016 war ich jedenfalls dem Tode *äußerst* nahe, körperlich sehr schwach, hatte erheblich an Gewicht verloren, fror erbärmlich, hatte nur noch eine gänzlich tonlose Stimme, konnte nicht einmal mehr auch nur krampfhaft lächeln und hörte die Äußerung meiner

Frau, dass ich wie eine wandelnde Leiche aussähe. Sie erwartete meinen Tod fast täglich. Und genau so fühlte ich mich auch selbst!

Zu dem Zeitpunkt nahm ich an, dass ich jedenfalls kaum mehr das Ende des Monats März 2016 erleben würde. Einen für den 30. April geplanten wichtigen Termin wahrzunehmen, den ich aus organisatorischen Gründen auch nicht hätte vorziehen können, schien mir erst recht nicht mehr möglich zu sein. *Pankreas* Krebs führt ja bekanntlich auch sehr schnell zum Tode.

Auf den Beginn des Weges, der schließlich doch zur augenscheinlichen Heilung führte, gehe ich im folgenden Kapitel („Das Gebet"), ein. Die weiteren Schritte erklären sich aus der dann folgenden Darstellung der *Grundsätze*, die sich aus der „*Nachdenkphase*" im Anschluss an das Gebet ergeben haben.

Der wesentlichste weitere Schritt auf dem Weg zur Heilung umfasst tatsächlich den der *Ethik* im Allgemeinen und den der Vornahme eines *uneigennützigen ethischen Vorhabens* im ganz Besonderen. Die Ethik spielte nicht nur eine herausragende Rolle in dem Heilungsprozess! Ja, sie wäre nach meiner Überzeugung ohne sie überhaupt nicht möglich gewesen! Die Einhaltung des Ethik-Grundsatzes, den ich dann zweckmäßigerweise in 3 Teilgrundsätze aufgeteilt habe, muss ich daher hier besonders hervorheben!

Das gilt hervorragend für den *2. Ethik-Grundsatz*, der aber das Zusammenwirken mit dem 1. Grundsatz bedingt! Daher bin ich gehalten zu versuchen, Ihnen einige ethische Überlegungen näher zu bringen, um einen entsprechenden *Gedankenanstoß* auch bei Ihnen auszulösen, obwohl es eigentlich nicht der Sinn dieses Büchleins sein sollte, Sie vertiefender über Ethik zu belehren. Dafür gibt es qualifiziertere Menschen, als ich es bin.

In mir selbst erfolgte dieser Anstoß aus der Erinnerung an ein in der Literatur berichtetes *Nahtoderlebnis* (NTE) einer Mutter, die das Lichtwesen, welches ihr nach ihrem klinischen Tod erschien, bat, wieder zurück ins irdische Leben gehen zu dürfen, damit sie ihren kleinen Kindern, die noch ihrer Hilfe bedürften, weiterhin zur Seite stehen könne. Dieses Lichtwesen, welches ich „Gott" nenne, entsprach der Bitte der Mutter mit der Begründung, denn ihr Wunsch sei selbstlos, uneigennützig (siehe 2. Ethik-Grundsatz). Deswegen dürfe sie wieder zurück ins irdische Dasein, also weiterleben. Ganz genau das hatte ich aus dem NTE der Mutter gelernt: **Ein uneigennütziges, ethisches Vorhaben kann zum Weiterleben führen!** Das war schließlich der Auslöser für alle Überlegungen zum eigenen ethischen Verhalten.

Natürlich besteht mein anderer Weg nicht nur darin, der Ethik eine besondere Rolle zuzuweisen. Es gibt noch eine Reihe weiterer Gründe, die zum Erfolg beitrugen. Selbstverständlich gehe ich dann auch auf diese ein. Insofern handelt es sich um einen *ganzheitlichen* Heilansatz, wie ein Bekannter meinte.

Nachdem ich eine wichtige (uneigennützige) Aufgabe für meine Familie erledigt hatte, wegen der ich um eine *befristete* Lebensverlängerung gebetet hatte, erhielt ich von Gott eine andere Aufgabe, die es erforderlich machte, dass ich doch noch etwas länger als gedacht leben durfte. Die andere Aufgabe bestand darin, dieses Skript zu verfassen. Das wurde mir relativ frühzeitig bedeutet, also bereits zu einem Zeitpunkt zwar *vor* der letztlichen Heilung, aber doch schon auf dem Wege dorthin.

Jedoch wollte ich dann wissen, warum gerade jetzt über die Möglichkeit eines anderen Weges zur Krebsheilung geschrieben werden sollte, und warum gerade ich mit dieser Aufgabe betraut wurde? Kurze Antworten suchte ich in eigens dazu verfassten Kapiteln.

Im Inhaltsverzeichnis finden Sie zum Abschluss den Hinweis auf *Literatur*. Diesen Hinweis hätte ich eigentlich weglassen können, denn zur Erstellung des hier vorliegenden Textes habe ich keinerlei Literatur verwendet, nicht einmal das später erwähnte Buch des *Dalai Lama* mit dem Titel „*Ethik ist wichtiger als Religion*". Denn mir reichte allein schon der Titel aus, um zu wissen, dass die Ansicht *Seiner Heiligkeit* und meine über die Bedeutung von Ethik übereinstimmen, wenn auch mit möglicherweise unterschiedlichen Begründungen. Ich habe auch keinerlei sonstige Veröffentlichungen, Artikel o. ä. gelesen, ausgenommen im Internet einige zu den Naturheilmitteln.

Warum also erscheint dennoch der Punkt „*Literatur*" im Inhaltsverzeichnis, wenn es doch keine Literatur anzuführen gab? Leser wissenschaftlicher Abhandlungen, Aufsätze, Sachbücher usw. erwarten einfach einen mehr oder weniger umfangreichen Quellen- und Literaturnachweis. Ohne einen solchen wird die Arbeit nicht wert geschätzt. Sie *kann* ja einfach nichts taugen. Dieses kleine Buch ist jedoch kein wissenschaftliches Werk. Ich nenne es oft einfach nur *Skript*. Alle Gedanken hierin sind aufgebaut auf dem, was ich nachher „*Die Nachdenkphase*" nenne, bzw. als Ausfluss aus dieser sehe. Wenn Sie den betreffenden Abschnitt lesen, werden Sie vermutlich so unzweifelhaft wie ich feststellen, dass es sich dabei um eine wirklich *seltsame* Phase handelte, die zu meiner tiefen Überzeugung von *GOTT* geleitet wurde. Alle die besonderen Umstände, die ich auch eindrücklich darzustellen versuche, deuteten darauf hin. Und die daraus resultierenden Gedanken waren die Grundlage für alles Nachfolgende. Wieso also hätte dazu das Lesen weiteren Schrifttums nötig sein sollen? Der Ausgangspunkt war ja kein wissenschaftliches Problem, welches es zu klären galt. **Der Ausgangspunkt war das Wirken *Gottes* bzw. einer *HSI* (*H*ohe *S*pirituelle *I*nstanz) bei der Krebsheilung in Verbindung mit dem Postulat der Ethik, damit eher ein auf spirituellem Hintergrund basierender Ansatz!** Irgendwelche Lektüre von Literatur hätte mir dazu kaum behilflich sein können.

Obwohl ich selbst ein religiöser Mensch bin, möchte ich an dieser Stelle ausdrücklich betonen, dass ich es keineswegs als meine Aufgabe ansehe, jemanden zu irgendeiner Religion oder zu irgendeinem Gott zu bekehren. **Davon ist der Weg, den mir dieser Ansatz aufgezeigt hat, auch *nicht* abhängig!**

Bei meinem vormals engsten Freund, Prof. Dr. Harry Gräser(+), möchte ich mich posthum noch besonders bedanken für die (als solche unwissentliche) Legung eines bedeutsamen Grundsteins (auf den ich aber nicht weiter eingehen werde), der eine wesentliche Basis für meine spirituelle Entwicklung bildete. Ganz sicher war das indirekte Mitwirken Harrys ebenfalls, wie so vieles andere, von *IHM* gelenkt worden. Einige verschiedene solcher Grundsteine waren schließlich erforderlich, um mir den beschrittenen Weg zu weisen. Um die zeitaufwendige, dennoch stets bereitwillige und sehr konstruktive Unterstützung in allen Belangen der nicht so selten aufgetretenen IT-, PC- und Gestaltungsprobleme, zu deren Lösung ich mich nicht fähig fühlte, machte sich Markus Heusmann, ein Freund unseres Hauses, an der vorliegenden Arbeit wertvoll verdient. Und meiner Frau Edda bin ich dankbar für die außerordentliche Geduld mit mir, sowie für die Zubereitung von schätzungsweise 5 Hektolitern Kaffee während der Schreibzeit. Weitere Danksagungen sind nicht geboten, ausgenommen *die aus ganz tiefem Herzen kommende an Gott!*

.....Abschließend möchte ich nicht unerwähnt lassen, dass mir mit der Veröffentlichung keinerlei unmittelbare persönliche Vorteile erwachsen, denn die Aufgabe soll ja eine uneigennützige im Sinne des 2. Ethikgrundsatzes sein. Lediglich entstehende echte Kosten sowie Gelder, die der Gemeinschaft zustehen (z. B. Steuern u. a.), werden aus den Einnahmen ausgeglichen. Kein einziger Cent aus diesen wird einer privaten Nutzung zugeführt. Überschüsse gehen als Spende an eine bedeutende Naturschutzstiftung oder an andere nachweislich wirklich gemeinnützige Einrichtungen.

Das Gebet

Schon wenige Tage nach dem tödlichen Krebsbefund ging es mit mir gesundheitlich rapide bergab. Ich wandelte bereits wie eine lebende Leiche umher, mit tonloser Stimme und nicht einmal mehr fähig, auch nur zu lächeln. Dann ging mir durch den Kopf, dass ich vor meinem Tode doch noch etwas Dringendes zu erledigen hätte, etwas sehr Wichtiges für meine Frau und meine jüngere Tochter. Beide wären außerstande gewesen, das selbst zu erledigen. Es wären Ihnen große Nachteile aus den dann unbewältigten Problemen entstanden. Und professionelle Hilfe Dritter wäre für sie viel zu teuer gewesen.

Bei meinem „Arbeitstempo" und unter den erschwerten Bedingungen der Erkrankung konnte das vielleicht 8-10 Wochen dauern. Ich war der Überzeugung, dass ich aber diese Zeit nicht mehr hätte, es sei denn, Gott würde mir eine kleine „*Fristverlängerung*" gewähren. Aber mir war zugleich auch klar, dass die Erhörung aller Gebete, in denen es um die Bitte der Abwendung eines *schnellen* Krebstodes geht, ja dazu führen müsste, dass es kaum noch Krebstote gäbe. Dennoch möchte ich an dieser Stelle betonen, dass es gläubige Menschen keinesfalls unterlassen sollten, sich in derart besonderen Lebenslagen mit der Bitte um Hilfe an Gott zu richten! Er hilft bei ehrlicher und nicht stereotyper Bitte nach meiner Erfahrung ganz gewiss, wenn auch nicht immer in der *erbetenen* Form, so doch *immer* auf irgendeine Art und Weise. In meinem Fall der Bitte um einen kleinen Aufschub müsste daher nach meiner Auffassung ein Gebet eine besondere Begründung haben, um von Gott in dem erhofften Sinne auch erhört zu werden.

Schließlich entsann ich mich an ein in der Literatur berichtetes *NTE* (Nahtoderlebnis), in dem (frei nacherzählt, da ich nicht mehr das Buch erinnere) eine dem Tode nahe gewesene Mutter darum bat, wieder zurück zu ihren Kindern, also zurück ins „irdische" Leben, gehen zu dürfen. Denn ihre Kinder seien noch zu klein und bedürften noch ihrer Hilfe. *Gott*, bzw. das Lichtwesen, als welches *HSI* ihr erschien (wie sehr häufig in den NTE), erfüllte der Mutter diesen Wunsch mit der Begründung, dass Ihre Bitte ja *uneigennützig* sei.

Das war wohl die besondere Begründung, nach der ich gegrübelt hatte: Die **Bitte um einen Aufschub wegen der Notwendigkeit der Durchführung einer uneigennützigen Aufgabe** für meine Familie.

In der Folge wollte ich mich und meine entsprechende Bitte ganz ernsthaft dahin prüfen, ob es sich nicht einfach nur um einen vorgeschobenen Grund handelte, sondern ob ich ihn wirklich ehrlich meinte. Eine derartige Prüfung musste aber noch mehr umfassen: Meine Frau Edda hatte kurz zuvor ihrer tiefen Besorgnis Ausdruck gegeben, dass sie nicht mehr die Kraft dazu haben würde mich zu pflegen, falls ich aufgrund der Erkrankung pflegebedürftig werden sollte. Sie ist seit 47 Jahren als Krankenschwester tätig, davon überwiegend als Nachtschwester und hat sich in ihrem Beruf im wahrsten Wortsinne kaputt gearbeitet. Sie leidet unter erheblichen Knie-, Schulter- und Wirbelsäulenproblemen und musste im Dienst z. T. sogar auch schon mit Krücken durch die Krankenhausflure gehen. „*Dann kann ich mich umbringen*", äußerte sie.

Meine zweite Bitte musste daher darum gehen, mich nicht pflegebedürftig werden zu lassen, aber nur, um meiner Frau eine solche Situation zu ersparen. Und es gab noch ein drittes Anliegen: In der Folge der minimal-invasiven OP, in der mir der bösartige Tumor aus der Lunge entfernt wurde, erlebte ich einmal eine Paniksituation, die mich anfangs ließ zu verstehen, wie verlockend oder scheinbar Problem lösend der Gedanke an Selbstmord sein kann. Selbstmord ist aber nach meiner Auffassung das größte Vergehen gegen Gott. Denn *ER* hat uns das Leben gegeben, nur *ER* darf es uns auch nehmen! So kann über einige (wenige) *NTE* von Beinahe-Selbstmördern gelesen werden, die von schrecklichen Erlebnissen während ihres *NTE* berichten. Die vielen durchgeführten Selbstmorde resp. Selbstmordversuche zeigen jedoch, dass Menschen oft keinen anderen Ausweg zu sehen meinen. Daher brauchte auch ich selbst die Kraft, Selbstmordgedanken jedenfalls widerstehen zu können - wobei ich wirklich hoffe, dass mir das im „Ernstfall" immer gelingen möge. Das musste mein drittes Bittgesuch sein.

Es gab demnach 3 wesentliche Bitten, die ein Gebet umfassen sollte. Und die mussten absolut wahrhaft gemeint sein. Denn Gott kann man natürlich nicht betrügen. So habe ich mir alle 3 Bitten über mehrere Tage immer wieder vorgehalten und auf deren Ernsthaftigkeit hin abgewogen und - vor allem - auch dahin, ob es sich wirklich nicht einfach um vorgetäuschte Gründe handelte, nur um länger leben zu dürfen.. Erst als ich mir dessen auch wirklich ganz sicher war, setzte ich mich hin und betete sehr inbrünstig um genau das, was ich soeben beschrieben habe.

In meinem Leben habe ich es immer wieder erlebt, dass Antworten Gottes auf tiefe und ehrliche Gebete sehr direkt und sehr unmittelbar kamen. Das habe ich ja in der Einführung auch schon angedeutet. Und es galt nach meiner Erfahrung nicht nur für Gebete, sondern auch für vieles, was in meiner Vergangenheit sonst noch eine bedeutende Rolle spielte, ob es Strafen für schlechte Handlungen waren (das Sprichwort, dass die Strafe auf dem Fuße folgt, hat sich immer bewahrheitet!) oder Belohnungen für gute Taten (auch solche Belohnungen habe ich häufig erlebt), Flehen um Hilfe in besonderen Notsituationen, auch solchen psychischer Art. **Gottes Reaktionen erfolgten immer, immer sehr schnell, immer sehr beeindruckend, und immer sehr wirkungsvoll!** Man muss sie nur als Gottes Reaktionen erkennen!

Ganz genau das geschah auch jetzt wieder, sehr direkt nach diesem Gebet. So folgte als *SEINE* Antwort

Die Nachdenkphase

Ganz wörtlich zu verstehen setzte **augenblicklich nach dem *Amen*** ein Nachdenkprozess in einer Art und Weise ein, wie ich es noch nie zuvor erlebt hatte. Er ließ mich für die nächsten Wochen nicht mehr los, an keinem Tag, in keiner Nacht, zu keiner freien Minute oder Sekunde! Ganz offensichtlich und sehr eindringlich war das die sofortige Antwort Gottes auf mein Gebet, wenn ich auch noch nicht gleich zu erkennen vermochte, wie mir eine solche Art von Antwort helfen sollte!

Ich hatte dabei weniger das Gefühl, dass *ich* nachdachte als vielmehr, dass *ES*, *ER* oder *HSI* in mir oder – vielleicht besser - mit mir nachdachte bzw. mich zum Nachdenken anleitete. Das ging wirklich jede freie Sekunde so. Wenn ich irgendetwas anderes zu tun hatte, konnte ich mich problemlos darauf konzentrieren. War ich fertig damit und hatte sonst nichts Wichtiges weiter vor, fing sofort wieder das Nachdenken an, völlig automatisch! Das ging Tag und Nacht so. Über 4-5 Wochen, und hörte dann ziemlich abrupt auf. Für mich war das ein ganz großes Gotteserlebnis und zugleich ein Gottesbeweis sehr beeindruckender Art! Zugleich hatte es jetzt schon den Anschein, als ob sich der Fortgang meiner Krebserkrankung etwas verlangsamte.

Schon seit Jahrzehnten lebte ich in unregelmäßigen Arbeits-, Ruhe- oder Vergnügungszeiten, tags und nachts über. Oft schlief ich zwischendurch am Tag, oft arbeitete ich auch des Nachts. Ich lebte nicht in regelmäßigen, gleichförmigen Tages- und Nachtabläufen. Dergleichen existierte bei mir seit Auszug aus meinem Elternhaus nicht mehr. Folgerichtig gab es zu jeder Tages- und Nachtzeit unzählige Situationen, in denen Stunden, Minuten, ja Sekunden tiefsten Gedanken zur Verfügung standen. Sie setzten dann stets und ganz unvermeidlich ein, wirklich ohne jedes eigene, bewusste Zutun oder Wollen. *HSI dachte in mir oder lenkte mich!*

Ich entsinne mich nicht mehr an irgendein spezielles, einzelnes Thema oder an einen Gedankenkomplex (Ausnahme: siehe unten). Darauf kam es, wie mir *danach* klar wurde, auch überhaupt nicht an. Worauf es wirklich an kam, war das Resultat, die Erkenntnis, dass Alles miteinander verwoben ist, dass alles auf Erden mit allem zusammenhängt; dass nichts losgelöst irgendwo allein herumschwebt, einzeln betrachtet werden kann. Und dass das alles ein sehr komplexes und in sich total schlüssiges System in gegenseitiger Abhängigkeit und Verwobenheit bildet. Es fehlen mir einfach die Worte, um das auszudrücken, was mich dabei bewegt hat, wenn mir diese vielen Gedanken kamen. Mehrfach versuchte ich, meiner Frau faszinierende Zusammenhänge, die sich mir eröffneten, darzustellen. Nie hatte sie mich verstehen können. Vermutlich deswegen nicht, weil ich nicht in der Lage war, komplexe Betrachtungen einfach und verständlich auszudrücken. Mir selbst war jedoch alles verständlich und absolut klar und schlüssig. Denn erst dann, wenn ich völlige Schlüssigkeit auf den Denkebenen erzielte, auf denen ich mich gerade befand, ging es weiter, tauchte ich in noch tiefere, irgendwie weiterführende Ebenen und auch noch tiefer in die Verwobenheit und Komplexität des „Ganzen" ein, aber welches Ganzen? Ich hatte nur ein Gefühl des Ganzen.

Dieses Denken hatte eine Struktur, aber von einer Art, der ich mir nicht bewusst oder über die ich mir nicht klar war. Denn ich hatte ja nicht gezielt nachgedacht, da ich kein Ziel hatte! Ich fühlte mich geführt im Denken. Die Struktur oder den Weg, wohin das führen sollte, konnte ich nicht erkennen, nicht einmal erahnen. Ich kann auch nicht mehr erklären, wie sich die einzelnen Ergebnisse oder - später - folgenden Regeln heraus kristallisierten. Sie waren plötzlich da. Aber nicht etwa „plötzlich" im Sinne von überraschend und zusammenhanglos, vielmehr wie ein zwingendes Ergebnis, was jetzt einfach folgerichtig auftauchen musste, ohne dass ich aber vorher hätte sagen können: *„Jetzt muss ein oder dies und jenes Ergebnis folgen"*, oder so etwa. Also: das ganze Denken lief nach meinem Eindruck in sich völlig logisch und völlig abgerundet ab. Solange dieser Eindruck noch nicht erzielt worden war, ging das Denken automatisch weiter, bis mir alles einsichtig erschien. Auch das war für mich sehr beeindruckend. Ich weiß nicht, wie ich das noch deutlicher und noch besser ausdrücken könnte.

Ein Kerngedanke, der sich aus der Nachdenkphase ergab, war dabei unzweifelhaft der der Ethik. **Die *Ethik* (und auch die *Gemeinschaft allen Lebens*) überragte alles!** Das und deren Bedeutung war tatsächlich das Einzige, an das ich mich von dieser Phase konkret erinnerte.

Ich hatte ja bereits betont, dass von den vielen kleinen und größeren Gotteserlebnissen, die ich in meinem Leben schon gehabt habe, dieses bestimmt das größte und am meisten beeindruckende war. Denn ich hatte mir ja nicht etwa vorgenommen, über dieses und jenes Ziel nachzudenken. Aber ich erreichte tatsächlich doch ein Ziel, nämlich die Erkenntnis der unten folgenden *Grundsätze* und die aus diesen resultierenden „*Regeln*".

Dermaßen tief gehendes Nachdenken hatte ich noch nie vorher erlebt. Zwar hatte ich irgendwann einmal in den 70er Jahren des letzten Jahrhunderts eine Zeit lang die Angewohnheit, sehr tief über mich selbst nachzugrübeln. Vielleicht war das ja bereits so eine Art „Training" auf das, was in dem Krebs-Winter geschah. Aber auch damals ging es nicht annähernd so tief, wie es jetzt der Fall war. Und ich hatte dazumal ein Ziel, nämlich mich selbst besser erkennen und Verhaltensweisen erklären zu können. Jedoch beschloss ich seinerzeit, ab einem bestimmten Punkt nicht weiter über mich selbst zu grübeln. Geblieben war immerhin, dass ich vormals gelegentlich schon tiefer in mir schürfte, vor allem aber auch noch dann, wenn es sich um spirituelle Themen handelte. Das ging soweit und brachte mir dermaßen viele beeindruckende Einsichten, dass ich – viel später - einmal gegenüber einem von mir hochverehrten, älteren katholischen Priester (selbst gehöre ich der *Evangelisch-methodistischen Kirche, EmK,* an) äußerte, dass ich ihn bitten würde, mein Lehrer zu sein, wenn ich das Bedürfnis nach einem Lehrer verspürte. Jedoch würde ich derzeit- nicht dieses Bedürfnis verspüren.

Als die Nachdenkphase plötzlich einfach so endete, hatte ich nicht das Gefühl, dass mir jetzt irgendetwas fehlen würde, etwa ein Gefühl des unbefriedigt Seins oder etwa des Fallens in ein tiefes Loch. Nach nur ganz kurzer Verwunderung war mir klar, dass es jetzt nicht mehr weiterginge, dass es nichts mehr gab, worüber ich(?) nachzudenken hätte.

Es blieben eben einige sehr einfache *Regeln* und - vor allem - der Ethik-Grundsatz übrig (den ich später in die *3 Ethikgrundsätze* aufgeteilt habe), an die ich mich bloß zu halten brauchte, um solange weiterleben zu dürfen, bis ich das erledigt hatte für meine Familie, was ich noch erledigen wollte. Denn dass mein Weiterleben bis zum Abschluss dessen gesichert war, davon war ich schon in dem Moment sehr überzeugt! Ich wusste ja, die Regeln, die dazu füh- ren sollten, kamen direkt und ohne jeden Zweifel von Gott. So entstand ein kleines Regelwerk, welches sich nicht nur durch seine Einfachheit auszeichnete, sondern auch dadurch, dass es entstanden war aus „*eigenem*" (gott- gelenktem) Nachdenken, wobei allen Ergebnissen ja völlige Schlüssigkeit zugrunde lag. Jeder Gedanke, damit auch jedes Ergebnis, jede „*Regel*" war für mich selbst sehr überzeugend entstanden. Gleiche überzeugende Wirkung hätte bei mir kein Dritter erzielen können, etwa durch einfaches Aufzählen derartiger „Regeln".

Relativ häufig tauchte in mir ein leiser Gedanke da- hingehend auf, dass ich ja vielleicht doch gänzlich (dau- erhaft) vom Krebs geheilt werden, also mehr als nur eine kurze Fristverlängerung erhalten könnte. Aber sowie ich mir derartiger Gedanken bewusst wurde, unterdrückte ich sie und bat Gott um Entschuldigung dafür. Denn ich wollte doch wirklich nur noch solange leben, wie ich benötigte, um besagte Angelegenheiten für meine Familie zu erledigen. Die Gebetsbitte um eine befristete Verlängerung sollte ja keine vorgeschobene gewesen sein, nur um in Wirklichkeit einfach länger leben zu dürfen!

Ein weiteres Ergebnis des wochenlangen Denkprozesses, überhaupt ein sehr wichtiges Ergebnis, zeigte sich nicht minder deutlich und klar darin, dass nämlich die tibetische Heiltradition und entsprechend andere alte Traditionen und auch schamanistisch geprägte Völker recht haben, wenn sie *Heilkunde in einer einheitlichen Verbindung mit Spiritualität* sehen. Auch mein tibetischer Therapeut (*Amchi*) in Holland praktizierte bei mir bestimmte religiöse Rituale und Gebete während bzw. nach der Untersuchung, die entsprechend tibetischer Überlieferung durchgeführt wurde. Wie er mir sagte, tue er das aber nur bei denjenigen, die darum wissen. **Heilungen resp. Schritte zu gesundheitlichen Verbesserungen scheinen *untrennbar* mit Spiritualität, damit auch mit Ethik, verbunden zu sein!**

Erkennbar wurde das in der Nachdenkphase auch daran, dass mir ethische Regeln, in denen auch die Beachtung bzw. der Schutz der Natur eine erhebliche Rolle spielte, als sehr wichtig erschienen. Gefühlsmäßig wurde dabei immer wieder unterstrichen, dass es *weniger* darauf ankommt, unbedingt an *Gott* oder überhaupt an eine *Hohe Spirituelle Wesenheit* glauben zu müssen. Vielmehr sollten Menschen die ethischen Regeln einschließlich der, die unmittelbar die Natur und Umwelt betreffen, in ihrem Denken und Handeln verinnerlichen. Diese ethischen Regeln sind allen religiösen Orientierungen gemeinsam. „*Das Herz aller Religionen ist eins*", sagt der Dalai Lama. Damit ist ganz sicher in erster Linie das **Mitgefühl, die Liebe zum Nächsten**, gemeint. Aber das schließt natürlich auch die Lebensbedingungen, unter denen der „Nächste" lebt, ein, die Natur, die Umwelt usw. Für mich ist daher Ethik gleich Religion (i. w. S.) und damit zugleich auch Spiritualität. **Sie erfordert aber nicht zwingend das Glauben an Gott!**

Selbst zähle ich die Instinkte, über die anscheinend jedes Lebewesen verfügt, auch noch zu den Bereichen des Göttlichen, also ebenfalls zur Spiritualität. Lesen Sie in dem Zusammenhang weiter unten das „*Das Mottenbeispiel*". Und wie sonst ist es z. B. erklärbar, dass ein Tier im Dschungel bei einer bestimmten Krankheit Blätter von einem sonst für es hochgiftigen Busch frisst und davon geheilt wird. Einen derartigen Bericht habe ich irgendwann einmal in einer Fernsehreportage gesehen. Dieses Tier hat sich von spirituellen Gefühlen (= auch Instinkt) leiten lassen. **Richtig und wirksam:** *Heilung und Spiritualität!*

Nachdenken mit Angst?

Die Nachdenkphase wäre in dieser besonderen und sehr tief gehenden Form jedenfalls niemals möglich gewesen, hätte es in mir irgendwie auch nur einen Hauch von Angst vor dem Tod gegeben. Das hätte mich ganz sicher nicht mehr gänzlich unbeschwert denken lassen. So, wie ich es tatsächlich erlebt habe in dieser Unmittelbarkeit, in dieser Intensität, *immer in dem absolut sicheren Bewusstsein, mit Gott verbunden zu sein*, so wäre das nicht denkbar gewesen, wenn irgendwo eine Spur von Angst in mir gewesen wäre. Nach meiner Erinnerung (liegt ja nun noch nicht so lange zurück) war jede einzelne Phase, jede einzelne Ebene dieses Denkens von gleicher Wichtigkeit und Bedeutung. Es hätte nichts davon fehlen dürfen. Und das war nur ohne jede Angst so völlig möglich gewesen! Das gänzliche Fehlen jeglicher Todesangst war also zwingende Voraussetzung für das Durch- oder Erleben dieser Form der Antwort Gottes auf mein Gebet!

Ergänzend dazu möchte ich noch eine eigentliche Selbstverständlichkeit betonen. Natürlich ist es nicht erforderlich, dass Andere ebenso angstfrei sein müssen, um vom Krebs geheilt zu werden. Die Angstfreiheit war nur eine besondere Voraussetzung *für mich* gewesen, um überhaupt in eine solche Phase total unbeschwerten Nachdenkens hinein kommen zu können.

Kleiner Exkurs zu meiner Angstlosigkeit

An dieser Stelle will ich kurz auf meine Angstfreiheit zu sprechen kommen bzw. auf deren Anfänge. Interessant ist das deswegen, weil es zeigt, in welchen langen (irdischen!) Zeiträumen Gott seine Vorhaben plant. Denn der mir erinnerliche, *eindeutig* als solcher erkennbare Anfang wurde bereits in meinem Alter zwischen 25 und 30 Jahren gesetzt. Das damals von mir geführte Leben empfand ich subjektiv als dermaßen ausschweifend, dass ich mir zu jener Zeit sagte: „*Wenn du 60 Jahre alt wirst, kannst du zufrieden sein*“. Dabei lag die Betonung auf *zufrieden* sein! Diesen „Spruch“ vergaß ich nie, hatte ihn *immer* vor Augen, mit fortschreitendem Alter natürlich mehr, aber nicht etwa „*mehr*“ im Sinne von quasi wie hypnotisch auf ein sich nahendes, schreckliches Ziel blickend, etwa wie auf ein Damoklesschwert, dessen Fall mich bald erwarte, oder wie auf ein furchtbares Tor, durch das ich demnächst schreiten müsse, sondern immer lediglich mit dem Empfinden, in absehbarer Zeit mein mir zustehendes Leben zu Ende gelebt zu haben. Dabei fühlte ich mit dem Zeitablauf *nicht ein einziges Mal* Traurigkeit oder gar irgendwelche undefinierte Furcht.

Zunehmend beschäftigte ich mich also damit, dass sich mein irdischer Tod nähert. Fasziniert befasste ich mich zwischenzeitlich mit den unzähligen Berichten über *Nahtoderfahrungen* (NTE) anderer, klinisch tot gewesener Menschen (siehe u. a. Kübler-Ross, Moody und insbesondere Berichte von 2 weiteren, neueren Autoren, denen des Kardiologen *Pim van Lommel, Endloses Bewusstsein* und des Neurochirurgen *Eben Alexander, Blick in die Ewigkeit*, der sogar über ein eigenes Nahtoderlebnis berichtete und als sehr erfahrener Gehirnchirurg auf alle Kritiken und Zweifel der vielen Kritikaster fachlich fundiert eingeht und diese widerlegt!).

Kurz nachdem ich 60 Jahre alt wurde, fing ich an zu zählen, aber in einer Art rückwärts gerichteter Zählweise, so in etwa wie: „*Jetzt bin ich 2 Jahre über der Zeit; jetzt bin ich 5 Jahre drüber, jetzt habe ich 10 Jahre länger gelebt*", o. ä.. Und immer habe ich die Jahre, die ich „drüber" war, eher als Bonus auf mein schon gelebtes Leben angesehen, der mir obendrauf gelegt wurde, etwa wie das Sahnehäubchen auf ein Stück Torte. Irgendwelche Angst davor, dass der Bonus ja mal ein Ende haben müsse, hatte ich nie, nicht einmal ansatzweise!

Das bedeutete schlicht und einfach, dass Gott in mir schon sehr frühzeitig den Grundstein für meine spätere Angstfreiheit legte, die überhaupt erst diese besondere

Art der Antwort Gottes auf mein Gebet ermöglichte. Das bedeutete weiter, dass Gott bereits vor 40 – 45 Jahren wusste, dass ich *jetzt* ein Gebet der beschriebenen Form an *IHN* richten würde (sofern sich zwischenzeitlich natürlich Voraussetzungen nicht geändert hätten, oder falls nicht irgendwelche Weichen von mir anders gestellt worden wären). Und *ER* wusste damals auch schon von der Antwort, die er mir darauf geben und *wie ER* sie geben würde.

Allein schon darüber nachzudenken bewirkt jetzt Faszination, aber zugleich auch ein besonderes Empfinden von Liebe, die ich nicht zu beschreiben vermag und die ich überhaupt erstmalig so klar und deutlich zu *IHM* empfinde!

Es folgen nun die „*Grundsätze*", wie sie sich mir als Ausfluss der Nachdenkphase ergeben haben und aus denen dann die aufgelisteten, einfachen „*Regeln*" entstanden sind (klargestellt: Es handelt sich bei der Darstellung der *Grundsätze* und *Regeln* um genau diejenigen, an die ich mich selbst ***ganz strikt*** gehalten bzw. zu halten versucht habe)!

Der 1. Ethikgrundsatz

Warum folgt hier an erster Stelle der Grundsatz der Ethik? Meines Wissens ist die Krebsforschung noch nicht dem Geheimnis der sogen. Spontanheilungen auf die Spur gekommen. Natürlich muss es Gründe für dieses Phänomen geben. Da die Wissenschaft bisher noch keine befriedigenden Erklärungen zu den Ursachen gefunden hat, könnten doch überhaupt einmal ganz andere Wege zur Krebsheilung versucht werden, weg von den *ausschließlich* physiologischen Überlegungen, hin zu neuen Heilungswegen, die *zusätzlich* auch noch andere Ansätze umfassen. **Deswegen will ich versuchen, in meinen Ansatz zu einem anderen Krebsheilungsweg vor allem auch die Ethik einzubringen, denn diese könnte darin eine zentrale Rolle spielen.**

Die Nachdenkphase zeigte mir ja, *dass alles mit allem zusammenhängt, in Wechselbeziehungen zueinander steht, miteinander verwoben ist.* Und das betrifft nicht nur die materielle Welt. Es bezieht sich ebenso auf Verhaltensweisen, ethische oder unethische Grundeinstellungen, auch auf die Gedanken. **Alles hat Einfluss aufeinander. Daher können meiner Überzeugung nach innere Einstellungen und Gedanken genauso Reaktionen bewirken. Diese können sich dann sowohl nach außen als auch nach innen auf den eigenen Körper richten und auswirken.** Oder kann es irgendeinen Grund geben, dass eine derartige Annahme jedenfalls *zwingend* abzulehnen ist?

So soll dieser 1. Ethikgrundsatz hier lediglich eine notwendige Basis für Betrachtungen zu ethischen Verhaltensweisen, Einstellungen und Gedanken vermitteln, auf der weitere Überlegungen aufgebaut werden können, die dann die Basis sinnvoll ergänzen. Dazu zählen vor allem auch die beiden folgenden Ethikgrundsätze. **Die schließlich insgesamt 3 Ethikgrundsätze habe ich für meine eigene Heilung als *das Wichtigste überhaupt* angesehen!**

Zwar entsinne ich mich kaum noch an Einzelkomplexe aus der Denkphase. Mir ist jedoch deutlich in Erinnerung geblieben, dass die Erhaltung der Natur, die Auswirkung menschlichen Handelns und Denkens auf den Zustand unserer Umwelt, eine unserer wesentlichen ethischen Aufgaben ist.

Unser eigener Umgang mit der Natur wirkt sich direkt auf das Leben anderer aus. Klimaveränderung schafft in manchen Regionen Dürre, trägt damit zum Hunger bei, bewirkt den Anstieg des Meeresspiegels, macht weite Landstriche oder ganze Archipel unbewohnbar oder lässt sie gar ganz im Meer versinken. Menschen und Tiere verlieren ihre Heimat, leiden, sterben. Bedeutende ökologische Systeme, die für sich alleine schon der unbedingten Erhaltung wert wären, die zugleich aber auch wichtig sind für alles andere Leben auf Erden, werden vernichtet. Herausragendes Beispiel hierfür ist das *Great Barrier Reef* vor Australien. Korallen sind dort bereits zu nahezu zwei Dritteln abgestorben, räuberisch fressende und zerstörende Seeigel treten massenweise auf, usw.

Der Einfluss von uns Menschen auf die globale Natur, auf das Klima, kann nicht mehr bestritten werden. Glücklicherweise nimmt inzwischen auch die Anzahl von Menschen mit Einstellungen, wie denen von *Mr. Donald Trump's* Art, ab. In seinem ersten Haushaltsentwurf will er am Umweltschutz sparen. Wie der *G7-Gipfel* 2017 zeigte, wollen sich die USA auch nicht mehr am Pariser Klimaschutz-Abkommen beteiligen. Und wir können uns nicht wehren, kaum gegen das Handeln ganzer Gesellschaftsgruppen und auch nicht gegen das Handeln Einzelner in verantwortlichen Positionen. Wir sind gezwungen zu ertragen, was Menschen mit einsichts- und verantwortungslosen und völlig unethischen Grundeinstellungen anrichten auf der Erde, auf der wir leben.

Bisher bezog sich das Gesagte eher auf das Ganze, das Große. Einflüsse der Menschen wirken sich aber genau so aus auf Verhältnisse und Zusammenhänge innerhalb kleinerer Komplexe. Und erneut: **Nichts spricht dagegen, dass sich unsere Einstellung dazu sogar rückkoppeln kann auf unsere eigene Gesundheit! Die Erde erkrankt durch unser Verhalten, durch unsere Einstellungen. Die Erde, das sind auch wir selbst! Ich behaupte daher nochmals, dass das gleichfalls gilt für den Bereich unserer eigenen Erkrankungen, z. B. für Krebs** (und möglicherweise auch für andere tödliche Erkrankungen).

Ich hatte *Bauchspeicheldrüsenkrebs*, eine sehr bösartige Krebserkrankung, die normalerweise zu einem sehr schnellen Tod führt. Ich scheine jetzt weitestgehend krebsfrei zu sein ohne spezielle schulmedizinische Therapie oder medikamentösen Einsatz (abgesehen von Naturheilmitteln). Ich bin mir sehr sicher, dass ethisches Denken und Handeln wesentlich dazu beigetragen hat. Gedanken und Einstellungen können sich direkt auswirken auf das Verhalten anderer Lebewesen, warum dann nicht auch auf die eigene gesundheitliche Befindlichkeit.

Deswegen ist es zu meiner Überzeugung nicht ausreichend, Heilungs- oder Besserungsmöglichkeiten von tödlichen Krankheiten losgelöst von ethischen Einstellungen und Handlungsweisen zu betrachten! Einflüsse der Ethik auf die Gesundheit sollten m. E. daher unbedingt einbezogen werden in die Forschung über Behandlungsmethoden.

Obwohl ich gläubiger Christ bin, betone ich hier nochmals, dass es **nach meiner Auffassung *nicht* erforderlich ist, an Gott glauben zu müssen**, um eine ethisch wertvolle Einstellung und damit Unterstützung im Kampf gegen den Krebs zu erlangen! Aber der Glaube an *Gott/HSI* oder überhaupt die Zugehörigkeit zu einer Religion kann helfen bei der Entwicklung einer ethisch guten Grundhaltung. Die Religion ist die spirituelle Heimat, in der man sich geborgen fühlt. Sie besteht aus der Lehre, den zu ihr gehörenden Ritualen sowie der Gemeinschaft Gleichdenkender, und *vermittelt alle wesentlichen ethischen Grundhaltungen*, wie sie im Leben der Menschen untereinander sowie zwischen Menschen und der Natur wichtig und erforderlich sind. Dadurch, dass man einer solchen spirituellen Gruppe und damit auch deren Werten angehört, nutzt man sie, die Religion, quasi als ein Hilfsmittel zur Erlangung derartiger Grundhaltungen. Religion ist vergleichbar einem Gehstock, der dazu verhilft, die Unebenheiten und Hindernisse des Weges hin zu dem Ziel, ein ethisch guter Mensch zu werden, leichter begehen zu können. Dass als „*Nebenprodukt*" daraus auch noch Gottgläubigkeit werden kann, ist zwar ein mögliches Resultat, **aber meines Erachtens nicht der hauptsächliche Sinn und Zweck von Religion und deswegen nicht zwingend notwendig!**

Zu einer derartigen Gehstock-Funktion ist übrigens jede Religion geeignet, auch der *Islam*! Der **Großscheich** und **Scheich al-Azhar, Ahmad Mohammad al-Tayyeb** (Namen und Titel z. T. aus *Wikipedia*), der als religiöser Führer der Sunniten angesehen wird, hat das lt. Medienberichten bei seinem Treffen mit *Papst Franziskus* in Kairo im April 2017 sinngemäß so auch betont. Und ich selbst habe ebenfalls diese Erfahrung auf meinen Reisen, beispielsweise 1973 nach Damaskus oder später nach Kaschmir und in viele anderen muslimische Regionen, gemacht. *Denn alle Religionen oder auch schamanischen Lehren/Rituale vermitteln die gleichen ethischen Werte*, die für ein gedeihliches Zusammenwirken allen Lebens erforderlich sind. Fanatiker oder „Verirrte" gibt oder gab es in allen Religionen, im Christentum ebenso, wie auch im heute so friedfertigen tibetischen Buddhismus.

Der *Dalai Lama*, sagt sinngemäß, dass es ganz egal sei, welcher Religion man angehöre, denn es seien doch nur verschiedene Wege zum selben Ziel. Anlässlich einer Privataudienz bei Seiner Heiligkeit im Jahre 1998 antwortete er auf meine Frage, *was* denn dieses Ziel sei, dass jede Religion „*gute Menschen machen*" könne. Ein *guter Mensch* zu sein oder zu werden, ist also das Ziel. Religion erleichtert ihm das Erreichen dieses Ziels. Sie ist aber nicht zwingende Voraussetzung dafür! Ein Mensch kann auch *gut* im Sinne des hier Gesagten sein, ohne dass er religiös ist. Er nimmt dafür eben nur nicht die Hilfe einer Religion, eines Gehstocks, an. Er macht es sich so lediglich selbst schwerer.

Eines der vielen Bücher des Dalai Lama trägt den Titel „*Ethik ist wichtiger als Religion*" (von diesem Buch habe ich übrigens lediglich den Titel gelesen, denn er ist für sich allein schon aussagekräftig genug). Schon dieser

Titel bestätigt meine Auffassung, welche Begründung Seine Heiligkeit auch sonst immer dafür haben mag. Ähnlich könnte man auch die Verse in Römer 2, 12-15, im Neuen Testament der Bibel verstehen. Dabei möchte ich nochmals betonen, dass *ER* nicht von uns verlangt, an *IHN* glauben zu müssen! *ER* bietet sich lediglich selbst an, damit wir mit *SEINER* Hilfe eher zu wertvollem ethischem Denken und Handeln gelangen können. Das ist *IHM* die Hauptsache! Vielleicht auch deswegen tauchte Gott während der Nachdenkphase *kein einziges Mal* in meinen unendlich vielen Gedanken und Überlegungen auf, obwohl ich stets das Gefühl hatte, direkt mit IHM verbunden zu sein.

Es sollen jetzt einige Überlegungen ethisch eher wertvollerer Einstellungen und Verhaltensweisen folgen. Dabei ist nicht verlangt, dass unbedingt alles auch nur Denkbare im Bereich der Ethik zu beachten ist. Das habe ich von mir selbst auch nicht erwartet. Denn das wäre ganz unmöglich. Aber eine beständige Weiterentwicklung dahin sollte das Bestreben sein! Mein Bestreben ist es jedenfalls geworden, wenn es auch nicht mehr leicht ist, einen knorrigen alten Ast wie mich noch zu biegen. Mühe genug habe ich damit. Aber zu spät ist es wohl nicht!

Betonen möchte ich, dass es nahezu unwesentlich ist, welche Einstellung man in der Vergangenheit mal hatte, welche schlechten Taten es in der Vergangenheit gegeben haben mag. Das spielt jedenfalls kaum eine Rolle! Wichtig ist die *gegenwärtige und die zukünftige Einstellung*, die in Seinen Augen vieles Schlechte vergessen machen kann, sofern Reue und eine entsprechende Verhaltensänderung da ist oder man sich Besserung ehrlich vornimmt. Auch ich selbst war früher nicht der reine, unschuldige Typ, habe auch gesetzeswidrige Handlungen (gegen das *Strafgesetzbuch*) begangen.

ER sieht die Reue und Besserung oder das Bestreben dahin mit genau solcher Freude, wie er den von vornherein guten Menschen mit Freude betrachtet. Davon zeugt auch *Jesus Christus*, nachzulesen bei *Lukas 23, 40-43*, wo er zu einem der beiden mit ihm zusammen gekreuzigten Verbrecher, der offensichtlich seine Taten bereut, sagt: *„Wahrlich, ich sage dir: Heute wirst Du mit mir im Paradiese sein."* Dem anderen gekreuzigten Verbrecher gegenüber kündigte Christus das nicht an.

Der Grundsatz der *Nächstenliebe* (Christentum) bzw. des *Mitgefühls* (Buddhismus) im Bereich der Ethik ist da wohl als der wichtigste zu nennen, wobei ich selbst den Begriff des *Mitgefühls* bevorzuge, weil dieser von vornherein alle andere Kreatur einbezieht. Darunter sollten wir alle unsere Handlungen prüfen!

All die hier folgenden Gedanken können nur von beispielhaftem Charakter sein, denn eine „Liste" nötiger, ethisch wertvoller oder unnötiger, unethischer Verhaltensweisen wäre schier unendlich. Die Beispiele sollen daher lediglich als Anregung für weitergehendes Überlegen in dieser Richtung dienen.

So drängt sich beispielsweise, auch ohne großes Nachdenken, im Zusammenhang mit unserem Fleischkonsum eine negative Einstellung geradezu auf, nämlich Schweinefleisch möglichst billig kaufen zu können. Schon seit Jahren geht es mir durch den Kopf, wie die armen Tiere leiden müssen, nur damit wir deren Fleisch so günstig wie möglich auf den Tisch bekommen können. Selbst war ich nachgerade gierig nach panierten Koteletts etc. Jeden Tag aßen wir Fleisch, vor allem vom Schwein. Es ist ja sooo billig. Mit der Zeit aber verging mir der Appetit mehr und mehr, weil ich zunehmend an das Leiden dieser Tiere denken musste. Und welch ein kurzes (und schlimmes) Leben dürfen sie nur haben! Sie müssen für unsere Maßlosigkeit und unseren Mangel an Mitgefühl leiden. Meine Frau und ich sind daher teilweise umgestiegen auf andere Fleischsorten, z. B. auf Lamm, Wild u. a. Denn auch so können wir die Nachfrage nach Schweinefleisch verringern. Zudem essen wir jetzt - vergleichsweise - überhaupt weniger Fleisch.

Vor allem in der nicht-hinduistischen Welt steigt der Rindfleischkonsum stark an. Fastfood-Ketten wie McDonalds & Co mit ihren Hamburger-Angeboten nehmen unaufhaltsam zu. Die Anzahl der Rinder nimmt daher weltweit ebenfalls massiv zu. Für die Rinderaufzucht wird in Brasilien und anderswo Urwald gerodet. Rinder gasen Methan aus. Methan ist ein um ein achtfach stärker wirkendes klimaschädliches Treibhausgas als Kohlendioxid. Die von Rindern erzeugten Ausgasungen wirken sich auf die Erderwärmung schlimmer aus als die Abgase aller Kraftfahrzeuge auf Erden zusammen. Über den weltweit zunehmenden Rindfleischkonsum tragen wir also auch ganz persönlich massiv zu dieser Entwicklung bei! Damit bewirken wir zugleich, dass sowohl die Lebensmöglichkeiten als auch die Lebensqualität unserer Mitmenschen und aller anderen Kreatur erheblich nachteilig beeinflusst wird. Mitgefühl?

Es ist nun aber nicht etwa gefordert, ganz auf Rindfleisch zu verzichten. Es sollte nur Jedem bewusst sein, dass ebenso der Maßlosigkeit des Rindfleischessens eine Grenze gesetzt werden muss. So ist auch die *Maßlosigkeit* hinsichtlich der globalen Klimaentwicklung das unethische, selbst in unseren Essgewohnheiten. Gerade aus Aspekten der Nächstenliebe, des Mitgefühls, sollten wir auch unser diesbezügliches Verhalten ändern. Daher trachten wir (meine Familie) selbst danach, insgesamt maßvoller zu werden.

Darin scheint sich überhaupt eine *weitere Leitlinie* anzudeuten, die allein schon aus diesen beiden Fleischbeispielen erkennbar wird, nämlich über die Maßlosigkeit unseres Konsums nachzudenken und maßvoller zu werden. Die Beachtung dieser Leitlinie als *eine ergänzende ethische Grundregel* kann ebenso dazu beitragen, das Leben auf unserem Planeten für alle Lebewesen als lebenswert zu erhalten. **Auch Maßhalten bedeutet daher gelebtes Mitgefühl!**

.....Es nützt letztendlich auch uns selbst, denn Maßlosigkeit schlägt ebenso auf uns selbst zurück. Ich erinnere in diesem Zusammenhang erneut an eine - sinngemäße - Erkenntnis aus der Nachdenkphase: *Das Leben auf unserer Erde ist ein sehr komplexes und in sich total schlüssiges System wechselseitiger Abhängigkeit und Verwobenheit.* Deswegen müsste Maßlosigkeit gewissermaßen als ein Grundübel bezeichnet werden, welches es jedenfalls abzustellen gilt.

Für mich formten sich daher folgende

<u>Gedanken zu einer Verhaltensregel:</u>
In allem Maß halten, nicht nur beim Fleischkonsum! Jede Verschwendung möglichst vermeiden!

Wie ich schon sagte ist es nicht möglich, alle denkbaren ethischen Fehlverhaltensweisen auch nur ansatzweise zu erfassen. Ich war aber gefordert, über eigenes Handeln mehr und mehr und intensiver nachzudenken. Übrigens scheint es mir, als ob kein Verhalten und kein Denken per se *immer* ethisch oder *immer* unethisch ist. Es muss davon ausgegangen werden, dass der entsprechende Gehalt dessen von „Fall zu Fall" stets neu zu beurteilen ist.

Daher ist es nötig, Verhaltensweisen und auch das *Denken* immer wieder aufs Neue auf Ethik hin zu prüfen. Ja, auch schon die Gedanken selbst, nicht nur das Handeln, sollten grundsätzlich von Ethik getragen sein! Denn auch sie sind nicht losgelöst von dem Komplex des Verwobenen, der Wechselbeziehungen. **Auch Gedanken wirken sich direkt aus auf die Umwelt**, selbst dann, wenn es nicht so gewollt oder geplant ist. Um das zu belegen, folgt jetzt

Das Mottenbeispiel.

Das „Geschehen" mit den Motten habe ich wirklich ganz genau so erlebt, wie ich es hier schildere.

Im kleineren unserer beiden Wohnzimmer flattern häufiger einige Motten umher. Bis zu dem Geschehen störten Sie uns immer, obwohl sie kaum Schaden anrichteten. Oft saß ich daher abends auf der Couch mit einem unter elektrischer Spannung stehenden „Tennisschläger" in der Hand, um Mottenjagd zu betreiben, hatte das aber in der „Hochphase" der Zeit meiner krebsbedingten körperlichen Schwäche sein gelassen. Etwa im Juni/Juli 2016, also als mein Gesundungsprozess schon voll im Gange und ich bereits auch wieder etwas zu Kräften gekommen war, nahm ich nach einigen Monaten Pause diese abendliche Angewohnheit neuerlich auf. Dabei hatte ich stets den Eindruck, die Motten merkten das und versuchten, mir und dem Schläger auszuweichen. Sie kurvten überall im Zimmer umher, nur kaum in meiner Nähe. Aber ich ließ nicht locker. Immer musste ich von der Couch aufspringen, um sie irgendwo im Zimmer überlisten zu können. Nachdem das einige Tage so ging und es fortwährend schwieriger wurde, die Tierchen zu erwischen, hörte ich in meinem Kopf Worte etwa wie: *„Dafür habe ich dir nicht die Energie wiedergegeben, dass du sie dazu nutzt, Motten, die genau so Freude am Leben haben wie du, zu töten!"* Ich war sehr betroffen. Sofort hörte ich auf mit der Mottenjagd! Denn *ER* hatte natürlich recht. Nach kurzer Zeit, schon nach 1-2 Tagen, merkten die Tiere das offensichtlich und flatterten näher und näher um mich herum. Sie verloren schließlich gänzlich ihre Scheu vor mir, während sie sich vorher kaum mehr in meine Nähe wagten. Es war ganz eindeutig, dass sie instinktiv meine geänderte Einstellung, meine Gedanken, empfanden. Schließlich kreisten sie *buchstäblich* um meinen Kopf herum. Meine Frau äußerte im Verlaufe der folgenden Tage wiederholt, dass die Motten einen Heiligenschein um mich bildeten. Tatsächlich war es so, dass ich sie, wenn mir das zu aufdringlich wurde, regelrecht beiseite schieben musste und auch konnte. Ich verspürte in der Hand sogar die Berührung mit den Motten. Sie hatten keinerlei Scheu mehr! Das bedeutete, dass sie deutlich meine inzwischen geänderte Einstellung fühlten. Sie änderten daraufhin auch ihr Verhalten. Meine Gedanken und die daraus resultierenden Verhaltensänderungen der Motten hatten also ganz eindeutig einen sehr engen inneren Zusammenhang. Zwischen meinen Gedanken und dem Verhalten der Motten gab es eine direkte Verbindung! So entstand in mir daher folgender

**Hüte und pflege deine Gedanken und
Absichten! Denn auch diese sollten
von Ethik getragen sein, sogar auch in
- scheinbar - unbedeutenden Belangen!**

Randnotiz:
Die Motten, die in einem Abstand von ca. 5 – 10 cm um
meinen Kopf herum flogen, taten dies über einen Zeit-
raum von etwa 2 bis 3 Wochen. Dann änderten Sie Ihr
Flugverhalten erneut und bewegten sich wieder wie üb-
lich kreuz und quer durch das Zimmer. Jedoch haben sie
bis heute keine Hemmungen mehr, sich in meine Nähe
zu wagen. Diese erneute Verhaltensänderung fiel mir
besonders deswegen auf, weil sich ja meine Gedanken
nach 2 Wochen nicht auch wieder geändert hatten. Der
Instinkt der Motten hätte sie eigentlich also nicht zu
einer neuerlichen Verhaltensänderung veranlassen müssen. Daraus zog ich den Schluss, dass die eingangs erwähnte Stimme, die ich gehört zu haben glaubte, wirklich
eine von Gott gekommene gewesen sein musste. Und
nachdem *ER* erlebt hat, dass ich *SEINEN* Vorhalt be-
herzigt und die Motten nicht weiter gejagt hatte, wollte er
mir über den Weg deren erneuter Verhaltensänderung
zeigen, dass ich *IHN* wohl richtig verstanden und die
gehörten Worte auch richtig *IHM* zugeordnet hatte.

Dieses Erlebnis sehe ich zwar wieder einmal als einen
Gottesbeweis an, in erster Linie aber als Hinweis darauf,
dass sich allein schon *Gedanken*, auch mitfühlende, auf
alle Kreatur auswirken. **Es ist also tatsächlich notwendig, sich bereits auch schon im Denken *immer*
an Ethik zu orientieren!**

Inzwischen zähle ich Motten (neben Spinnen) zu meinen *Lieblingstieren.*

Ein anderes eigenes (zugleich sehr krasses) Beispiel, wie Gedanken, dieses Mal negativer Art, auf andere ausstrahlen und damit Verhaltensänderungen bei diesen bewirken, möchte ich jetzt erzählen:

Das Beispiel einer Mordabsicht.

In den siebziger Jahren des letzten Jahrhunderts reiste ich viel überland, d. h. mit VW-Bus, später mit öffentlichen Verkehrsmitteln (Busse und Bahnen) nach Indien. Der Weg ging u. a. per Eisenbahn durch die Türkei, in deren Osten es einen großen See gibt, den *Vangölü.* Die Eisenbahnstrecke von Istanbul nach Teheran führte über diesen See. Die Waggons des Zuges wurden in den Bauch einer Eisenbahnfähre verbracht. Die Passagiere hatten sich in einem Salon auf dem Oberdeck aufzuhalten. Dort wurden wir, meine damalige Freundin und ich, von 2 Türken gefragt, ob wir Haschisch haben wollten. Wir bejahten das, betonten aber, dass wir nur ein Turnpiece bräuchten. Die beiden verwiesen darauf, dass Haschisch auch in der Türkei illegal sei und wir deswegen woanders hingehen müssten, wo wir nicht beobachtet werden könnten. Sie führten uns eine Treppe hinunter in die Halle des Schiffes, in der die Eisenbahnwaggons standen. Obwohl in der Halle überhaupt niemand zu sehen war, luden sie uns ein, in einen der Waggons einzusteigen. Einer inneren Eingebung folgend drehte ich mich jedoch wortlos um und ging mit meiner Freundin wieder die Treppen hoch aufs Oberdeck. Ich entsinne mich bis heute, wie ich während dessen einen Hauch von Gefahr in meinem Rücken verspürte. Mein Wunsch nach etwas Haschisch war gänzlich weg. Morgens erreichten wir das andere Ufer und fuhren mit dem Zug, an den nur noch 1 Waggon des ursprünglichen Zuges angehängt wurde, nach Teheran weiter. Tags darauf erschien in der dortigen englischsprachigen Tageszeitung ein kurzer Bericht, dass in einem Eisenbahnwaggon im Bauch derselben Fähre, mit der wir übergesetzt waren, ein ausländisches Pärchen ermordet und ausgeraubt aufgefunden worden sei. Uns lief es ganz kalt den Rücken runter, mir noch jetzt während des Schreibens dieser Zeilen. Denn eigentlich hätten wohl wir die „Kandidaten" sein sollen, die ermordet werden sollten.

Auch hier war der „Weg" der gleiche, wie in dem Mottenbeispiel. Zuerst waren die Gedanken (der potenziellen Mörder) da: *‚Die Beiden töten wir'* oder so etwa. Diese Gedanken übertrugen sich in Form von Instinkten auf uns bzw. auf mich. Ich nahm sie jedenfalls wahr und zog daraus die Konsequenzen. Wir gingen zurück. Das rettete uns das Leben. Spätestens seit dem setze ich daher Instinkte auch Gott gleich. Denn die Warnung vor dem *ermordet werden* kam auf diese Art und Weise ganz sicher von IHM. Randfrage an die Skeptiker: „*Wie soll denn die bloße Natur eine derartige Warnung ‚senden' können?*"

Das Beispiel zeigt ebenfalls, dass auch „geheimste" **Gedanken in dem Gesamtkomplex der Verwobenheit und gegenseitigen Abhängigkeit bedeutend mitwirken.** Sie sind eben *nicht* geheim! Auch Gedanken bzw. Absichten sind untrennbare Bestandteile der Verwobenheit und führen zu Reaktionen von anderen Teilen des Ganzen! Erneut: An *beiden* Beispielen kann deutlich erkannt werden, dass bereits schon die Gedanken von Ethik getragen sein sollten.

Mir kommt sowieso die Verwobenheit und gegenseitige Abhängigkeit innerhalb des Komplexes des Daseins wie eine lebendige „*Einheit des Ganzen*" vor, aber eher wie ein Wunder einer lebendigen Einheit. Zu meiner Überzeugung zeigt sich in dem Wechselspiel zwischen Gedanken und Instinkten und deren Auswirkungen auf die engere oder weitere Umwelt eine deutliche Schnittstelle zwischen dem spiritualistischen und dem materialistischen Denkansatz, als eine Schnittstelle der spirituellen und der materiellen Welt, die nicht negiert werden kann. Als religiöser Mensch glaube ich gerade an dieser Stelle an den Einfluss eines lebendigen Gottes. Wie ich eben schon zum Ausdruck brachte, setze ich Instinkte *IHM* gleich. An den Instinkten kann man *SEINE* Existenz erkennen. Allein mit bloßer Natur ließen sich Instinkte oft genug nicht erklären. Darauf deutet für mich ganz persönlich u. a. auch hin, dass ich im Kopf wörtliche Vorhaltungen dahin hörte, mir sei die Energie nicht dafür wieder gegeben worden, um mich in die Lage zu versetzen, Lebewesen zu töten.

Zwischenergebnis:

Auch die scheinbar ganz privaten, geheimsten Gedanken müssen von Ethik getragen sein. Unethische Gedanken wirken sich jedenfalls negativ innerhalb des Komplexes des Ganzen aus. **Gedanken sind nicht losgelöst vom Ganzen!** Sie sind ein *untrennbarer Bestandteil* dessen! Daher betonten sich für mich erneut die o. a.

Bemühe dich, auch in Gedanken keine abträglichen Ansichten oder negativen Absichten gegenüber Anderen zu haben!

Hier folgen jetzt noch einige weitere Betrachtungen zu notwendigem ethischen Handeln:

All unser Verhalten sollte nicht nur auf eine mitfühlende Einstellung gegenüber Mitmenschen und aller anderer Kreatur ausgerichtet sein, nicht nur auf Maßhalten oder Gedankenkontrolle, sondern wir sollten unser Verhalten grundsätzlich und immer durch eine Ethikprüfung gehen lassen! Und: *Es gibt keinen Rahmen und keine Grenzen für die beabsichtigten, einer Ethikprüfung zu unterziehenden Handlungen!* Die Prüfung sollte also sowohl für den *engeren* Lebens- und Verhaltensbereich als auch für jeden *erweiterten* Bereich gelten. Es kann *kein* Bereich ausgespart werden! Ich möchte das an 2 anderen Beispielen verdeutlichen.

Beispiele: Auch überhöhte Geschwindigkeit kann unethisch sein

Seit 54 Jahren besitze ich den Führerschein und fahre leidenschaftlich gerne Auto. Meine erste Indienreise habe ich als Überlandfahrt mit einem VW-Bus unternommen. Und zeitweilig fuhr ich bis zu 70.000 km im Jahr durch Deutschland; dabei hielt ich auch im etwas fortgeschrittenen Alter viel darauf, dass mein Fahrstil nicht der eines Opas war. Dazu gehörte nicht nur flüssiges Fahren, sondern auch „spritziges". Das hieß u. a., dass ich fast nie die vorgeschriebene Höchstgeschwindigkeit einhielt.

Etwa 8 km entfernt von uns gibt es einen *Rewe*-Markt und 150 m weiter eine *Aldi* Filiale. Rewe schließt um 22.00 Uhr, Aldi um 20.00 Uhr. Zigaretten sind bei Aldi etwas billiger als bei Rewe. Wenn ich abends noch Zigaretten brauchte (trotz Pankreas Karzinoms rauche ich derzeit noch), bin ich aus unerfindlichen Gründen immer erst auf wirklich dem allerletzten Drücker vor Ladenschluss losgefahren. Meistens hatte ich die Zeit so knapp bemessen, dass ich bei Einhaltung der zulässigen Höchstgeschwindigkeit nicht mehr rechtzeitig bei Aldi hätte anlangen können. Deswegen musste ich dann 70 km/h fahren anstelle der bei uns überwiegend nur erlaubten 50 km/h. Vor einiger Zeit wollte ich wieder einmal so knapp bemessen losfahren. Schon im Auto sitzend kam mir plötzlich der Gedanke, dass das Risiko, in unserer ländlichen Gegend ein Reh anzufahren, doch höher ist, wenn ich statt der erlaubten 50 mit einer Geschwindigkeit von 70 km/h fahren würde. *Erstmalig überhaupt* fragte ich mich, ob es denn die Ersparnis von vielleicht einem Euro wert wäre, ein Reh zu töten. Natürlich wäre es das nicht! Aber bis dahin hatte ich mir nie darüber Gedanken gemacht, nämlich das Leben eines Rehs gegen die Ersparnis von einem Euro aufzurechnen. Mein Ziel, noch zu Öffnungszeiten bei Aldi anzukommen, war mir einfach zu wichtig. Diese ethische Abwägungsfrage ließ mich an diesem einen Abend tatsächlich das erste Mal trotz äußerst knapper Zeit unter Einhaltung der Geschwindigkeitsbegrenzung fahren. Kurz nach Fahrtbeginn überquerte tatsächlich ein Reh direkt vor mir die Straße. Wäre ich schneller gefahren, so wäre das Reh vermutlich tot gewesen (und ich hätte wohl auch Schaden genommen). Ich kam genau 1 Minute zu spät bei Aldi an. Geschlossen! Also kaufte ich die etwas teureren Zigaretten bei Rewe. 1 Euro mehr ausgegeben, aber dafür das Leben eines Rehs erhalten! Irgendwie machte mich das glücklich. Auf der Rückfahrt hatte ich es ja sowieso nicht mehr eilig. So fuhr ich auch wieder nur 50 km/h. Und *erneut* kreuzte direkt vor mir ein Reh die Straße. Auch in dem Fall hätte ich das Tier umgefahren, wenn meine Geschwindigkeit auch nur etwas höher gewesen wäre.

Mir wurde also anlässlich eines einzigen Fahranlasses und binnen weniger Minuten gleich zwei Mal ganz deutlich gemacht, dass sogar eine nur relativ geringfügig erhöhte Geschwindigkeit unethisch sein kann. Beide Male, ganz kurz hintereinander, bei Hin- und Rückfahrt, kreuzte ein Reh die Straße in einem 50er Bereich. Das hatte ich in meiner jahrzehntelangen Fahrpraxis so konzentriert noch nie erlebt. Mir wurde schlagartig klar, dass es sich dabei um einen erneuten Hinweis von Gott gehandelt hatte, auch wenn Andere das anders sehen mögen. *ER* sagte mir mit diesem konzentrierten Doppelgeschehen, dass ich recht tat mit der Vornahme meiner Ethikprüfung - und mich schließlich dann auch an das Prüfungsergebnis hielt. Es kommt also tatsächlich nicht auf den Rahmen, auf die Größenordnung an. Das eigene Verhalten sollte *immer* auf seinen ethischen Wert geprüft werden. Selbst empfinde ich es als tröstlich, dass bei mir zumindest der Anfang gemacht zu sein scheint.

So gelten für mich nunmehr die folgenden

<u>Verhaltensregeln</u>
**Gleich welchen Handlungsrahmens: Prüfe
ständig deine beabsichtigten Vorhaben
auf ihren ethischen Wert!**

Der kürzliche Fall (März 2017) der Verurteilung zweier Menschen wegen Mordes, die mitten im Zentrum Berlins während eines privaten Autorennens einen anderen Menschen tot fuhren, dient als weiteres Beispiel, dass zu schnelles Fahren unethisch sein kann. Nur ging es dieses Mal nicht um den finanziellen Vorteil von einem Euro, wie in meinem Reh-Beispiel, sondern um den Wunsch, ein Rennen gewinnen zu wollen. Dieses Motiv war den Tätern ein Menschenleben wert. Schlicht ausgedrückt war auch diese zu hohe Geschwindigkeit unbestreitbar unethisch. Bei einer vorherigen Prüfung hätte das auch als unethisch erkannt werden müssen.

Beide Beispiele zeigen aber zugleich auch, dass es bei zu schnellem Fahren, wenn es als unethisch angesehen werden muss, in keiner Weise auf die „Größenordnung", auf den Rahmen der Handlung ankommt. **Eine gleiche Handlung kann also im Kleinen wie im Großen gleichermaßen unethisch sein!**

Schlussfolgerung:

Für eine Ethikprüfung eigenen Handelns kann es keinen Rahmen geben. Ich gehe aber mit der Hilfe des Beispiels *Auto fahren* noch weiter. Auto zu fahren kann nicht grundsätzlich als unethisch bewertet werden, obwohl damit immer das Risiko des Tötens anderer Menschen oder Lebewesen überhaupt verbunden ist. Denn Auto fahren gehört weltweit zu den gesellschaftlich anerkannten, selbstverständlichen und teilweise sogar auch notwendigen Betätigungen. Da es aber, wie die beiden Fälle zeigen, unter bestimmten Umständen unethisch werden kann, kann wieder festgestellt werden, dass in *jeder* Handlung eines Menschen sowohl die Möglichkeit ethisch nicht zu bemängelnden Verhaltens als auch ethisch verwerfliches Verhalten stecken kann. Eine Ethikprüfung, müsste also immer auch *zusätzlich* alle Einzelfallumstände berücksichtigen. Jedoch ist mir klar, dass eine Forderung eines solchen Prüfungsumfangs wohl wirklich lebensfremd und damit nie so umfassend durchführbar ist. Daher kann die Forderung nur lauten: Jeder Mensch (insbesondere ein an Krebs erkrankter) sollte versuchen, sich selbst, sein Verhalten und Denken *mehr und mehr* auf Ethik zu prüfen! Für mich entwickelten sich deswegen meine Gedanken zu folgender

<u>Verhaltensregel</u>
Ständige Ethikprüfung meines eigenen Verhaltens sollte weitestgehend zur Gewohnheit werden!

Auch negativer Einfluss auf pflanzliches Leben sollte Eingang in das Mitgefühlsdenken finden. Pflanzen sind ebenfalls Lebewesen! Naturvölker legen Wert auf die Erhaltung der sie umgebenden Pflanzenwelt, weil ihnen bewusst ist, dass sie letztendlich von ihr abhängig sind. Uns ist dieses Bewusstsein großen Teils abhanden gekommen. Wir müssen uns unbedingt darüber klar werden, dass nichts auf dieser Welt ohne Wert oder Bestimmung ist. Ein schlimmes und krasses Beispiel dafür ist die Abholzung von Urwäldern, um durch Palmenanpflanzungen Palmöl zu gewinnen oder mehr Rindfleisch zu produzieren. Für unser Überleben, selbst für die Erhaltung unseres bequemen Lebens im Überfluss, ist das nicht nötig. Der Raubbau an Wäldern nützt wenigen, schadet aber allem Leben und ist unethisch!

Schon von der bereits so oft wiederholten aber nicht genug betonten Auffassung her, dass alles auf dieser Welt miteinander verwoben und voneinander abhängig ist, bin ich der unbedingten Überzeugung, **dass die Beachtung des Grundsatzes der Ethik eine wesentliche Rolle spielt bei der Heilung oder Besserung einer Krebserkrankung!** In der Tradition der tibetischen Heilkunde und bei Naturvölkern ist die Spiritualität ein wesentlicher Bestandteil des Heilungs- bzw. gesundheitlichen Besserungsweges. Die ethischen Werte fließen bei deren Heilungswegen über den - *scheinbaren* - Umweg religiöser Rituale ein.

Es ist mir klar, dass es nun nicht etwa nötig ist, dass jedes Handeln und Denken ab sofort *zwingend* ethisch zu sein hat. Das ist nicht möglich. Dazu ist das Leben im Ganzen und auch jeder einzelne Tages- oder Handlungsablauf viel zu komplex.

Es muss aber neben einer ständigen Ethikprüfung *außerdem noch eine grundsätzliche Einstellungsänderung* zu vielen wichtigen Lebensbereichen stattfinden! Z. B. entsinne ich mich, dass ich vor langen Jahren einmal den Entschluss gefasst hatte, nicht mehr hassen zu wollen, denn Hass ist eines der negativsten Gefühle! Seither gab es tatsächlich auch nie mehr irgendwelche Anflüge von Hassgefühlen in mir. Allein schon dieser Entschluss reichte dazu aus! Auch die Quasi-Verherrlichung des Tötens, wie es z. B. in den Landser-Romanen oder Action- bzw. Western-Filmen oder Kriegsspielen häufig der Fall ist, sollte keinen Platz mehr finden in den Köpfen. Inzwischen habe ich tatsächlich auch keine Freude mehr an Action- oder Western-Filmen. Meine *Grundhaltungen* in diesen Punkten haben sich geändert.

Aufgrund gewissen Geschehens in meiner Kindheit habe ich meinen Vater nicht geliebt. Nach seinem Tode nahm ich mir aber fest vor, dieses Gefühl ihm gegenüber wenigstens nachträglich noch zu entwickeln. Nach vielen Jahren ist mir das schließlich *uneingeschränkt* gelungen. Die Elternliebe scheint zu diesen Grundeinstellungen ebenso zu gehören, so schwer das manchmal auch fallen mag (Nachdenken und Suchen nach Ursachen könnte behilflich sein).

Die Liste erforderlicher ***grundsätzlicher* Einstellungsänderungen** ließe sich vermutlich ebenfalls fortsetzen. Viele der prinzipiellen Verhaltens- und Einstellungsänderungen dauern ihre Zeit, bei manchen geht es schneller. Aber schließlich tritt doch immer der gewünschte oder erhoffte Erfolg ein. Wichtig dafür ist der ernsthafte Wille!

Bei mir heißt das, dass so nach und nach zunehmend mehr die Ethik in meinem Leben Platz findet (für meine Begriffe manchmal zu langsam). Denn eine Änderung einer *Grund*einstellung wirkt ähnlich einem Multiplikator und kann damit häufig die Anstrengung verringern, sich mittels einer gesonderten Ethikprüfung spezieller Einzelfälle Gedanken machen zu müssen. Und diese Entwicklung zur Änderung von Grundhaltungen hält bei mir selbst – glücklicherweise - an. Während des Schreibens dieser Zeilen bin ich 72 Jahre alt. Für mich (und möglicherweise ja auch für Sie) bedeutet das, dass es nie zu spät ist für einen Beginn oder Fortschritt in dieser Richtung.

Und so formulierte ich für mich diese Gedanken zu den

<u>Verhaltensregeln:</u>
Nicht nur ethisches Handeln und Denken üben

sondern auch negative *Grund*einstellungen ändern! Ich muss *jetzt* damit beginnen, denn es ist nie zu spät!

Abschließend möchte ich erneut noch einmal hinweisen auf den weiter oben bereits geschilderten Bericht über eine dem Tode nahe gewesene Mutter, die eine *NTE* erlebt hatte und wieder zurück wollte ins irdische Leben, weil ihre Kinder noch zu klein seien und ihrer Hilfe noch bedürften. Das Lichtwesen (resp. Gott) in dieser *NTE* gewährte ihr die Bitte mit der Begründung, dass das ja ein uneigennütziger Wunsch sei. Dieses Beispiel war für mich in meinem Gebet (siehe oben) eine Grundlage, deretwegen ich hoffen durfte, ebenfalls noch etwas länger leben zu dürfen, da ich zum Nutzen für meine Familie noch etwas zu erledigen hatte, was ebenfalls uneigennützig (und ethisch wertvoll, wenn auch innerhalb eines kleinen Rahmens) war. Und auch mir wurde die Erfüllung der Bitte gewährt. **Der Besserungs-/Heilungsprozess der Krebserkrankung setzte ein!**

Daraus entsteht der Gedanke, die Schlussfolgerung, dass eine positive ethische Haltung *allein* nicht ausreichen kann, um Krebsheilung oder Besserung zu erreichen! Aber darauf gehe ich in den nächsten beiden Ethikgrundsätzen noch weiter ein.

Aus diesem Abschnitt über Ethik ergaben sich nach allem fünf wesentliche Punkte, die ich zu beachten hatte:

Nächstenliebe, Mitgefühl praktizieren! Das sollte sich auf alle Menschen und auf die gesamte Natur (Flora und Fauna) erstrecken!

Gedankendisziplin, Gedankenethik halten!

Maßhalten!

Alles Verhalten und Denken auf Ethik hinterfragen und prüfen, negative Grundeinstellungen ändern!

Uneigennütziges, ethisches Vorhaben planen und beginnen!
(siehe dazu den jetzt folgenden 2. Ethikgrundsatz)!

Der 2. Ethikgrundsatz: Erfordernis eines uneigennützigen Vorhabens

Dieser Grundsatz stellt eine notwendige Ergänzung zum vorhergehenden 1. Ethikgrundsatz, quasi eine Verknüpfung mit diesem, dar. Er ergab sich aus dem berichteten *NTE* der Mutter, die wegen ihrer noch zu kleinen Kinder wieder zurück in die irdische Welt wollte und Gott Ihrem Wunsch entsprach. Daraus und aus *SEINER* Reaktion auf mein Gebet (die von *IHM* angeleitete *Nachdenkphase*) schloss ich, dass auch ich damit rechnen durfte, dass ER mir meine Bitte um Aufschub wenigstens für die Zeit gewähren wird, die ich zur Erledigung der Aufgabe für meine Familie bräuchte. Denn die Aufgabe war ja ebenfalls uneigennützig. Tatsächlich entsprach *ER* auch meiner Bitte, denn entgegen meinem körperlichen Befinden brauchte ich nun doch noch nicht so schnell zu sterben! So ergab sich dieser Grundsatz auch aus **meiner eigenen Erfahrung! Für mich war daher die Durchführung des uneigennützigen, ethischen Vorhabens *der* Schlüssel zur Krebsheilung! Und ich lebe ja nun tatsächlich immer noch!**

Beweis für die Notwendigkeit eines uneigennützigen Vorhabens

Als Ich einmal einige Tage meine uneigennützige Aufgabe für die Familie etwas nachlässiger, schleppender erledigte, ging es mit meiner Gesundheit sehr schnell bergab. Ich verfiel körperlich rapide und mein Krebs machte sich mit seinen verschiedenen Anzeichen erneut zunehmend deutlicher bemerkbar. Erst, als ich fortfuhr, mich meiner Arbeit von neuem konzentrierter zu widmen, ging es mir sehr schnell gesundheitlich auch wieder besser. Genau gleiches geschah, als ich meine nachfolgende Aufgabe, nämlich dieses Skript zu erstellen, eine Weile lang sehr langsam anging. Allerdings konnte ich andere notwendige Dinge ebenfalls erledigen, ohne dass ich dann gleich negative Auswirkungen erlebte.

Die so gemachten Erfahrungen bewiesen mir, dass meine Heilung unzweifelhaft ganz eng mit der Durchführung des *uneigennützigen Vorhabens* zusammenhing! Und es darf nicht unnötig verschleppt werden! Daher habe ich dieses Erfordernis sehr ernst genommen.

Die Bedeutsamkeit eines derartigen Vorhabens wurde auch danach regelmäßig dadurch unterstrichen, dass ich immer wieder mal durch leichte Schmerzen an den Stellen, an denen sich vermutlich der Krebs befand, darauf aufmerksam gemacht wurde, dass ich erneut wieder bummeliger in der Fortsetzung meiner Aufgabe geworden war. Denn diese Anzeichen hörten *sekundengenau* immer *sofort* dann auf, wenn ich mich von Neuem an die Arbeit (am PC) machte. Die Zusammenhänge waren sehr deutlich und ließen keinerlei Zweifel zu!

Ein neuer Auftrag

Obwohl ich zu Beginn damit rechnete, dass nach Erledigung der Familienaufgabe endgültig mein Tod kommen würde, ging es mit meinem Leben dann doch noch weiter, als ich es erbeten hatte. Der Gesundungsprozess setzte sich immer weiter fort! Vorher war ich ja schon fast tot gewesen. Meine Frau erwartete damals meinen Tod täglich. Daher entstand in mir der Gedanke,

Gott könnte mit mir noch Weiteres vorhaben. Was das sein könnte, das erfuhr ich bald, wobei ich nicht sagen kann, *wie* ich es erfuhr. Ich wusste es einfach, nachdem sich aber entsprechende Gedanken anfangs sehr „zart", dann jedoch immer intensiver aus der Tiefe her bemerkbar machten.

Meine neue Aufgabe, die mir fortgesetztes Leben schenken sollte, war dieses Skript zu schreiben. Und tatsächlich wurde mein Leben über den Punkt der Beendigung der Familienarbeit hinaus verlängert. Nicht wissend, ob vielleicht ein kleines Buch daraus werden könnte, war mir aber von Anbeginn an klar, dass ich daraus keinen weitergehenden materiellen Vorteil ziehen dürfte. Somit würde auch diese Tätigkeit zu einer uneigennützigen werden.

Damit war ein über die ursprünglich geplante Zeit hinausgehendes uneigennütziges Vorhaben entstanden, welches zugleich auch ethisch nicht so unwertvoll war, denn das Skript sollte wohl dazu beitragen, anderen Menschen Denkanstöße zu bieten zu können.

Das *Ergebnis* war also, dass mir ein neuer Auftrag erteilt wurde, der beiden dargestellten Kriterien entsprach und mir infolge dessen vermutlich auch ein Weiterleben trotz des gefährlichen Krebses gewähren würde. Jedenfalls bin ich nun gänzlich beschwerdefrei und habe uneingeschränkte Freude an dem zusätzlich geschenkten Leben (wozu also sollte ich nun doch noch einen Krebsspezialisten aufsuchen, wenn ich es bisher schon nicht tat?). Ich betreibe sogar wieder Zukunftspläne.

Falls Sie sich meine Gedanken zu eigen machen möchten, so **könnten Sie sich ganz konkret und ganz ernsthaft etwas vornehmen, was Ihren Mitmenschen** oder der Umwelt dienen würde! Dabei wäre es egal, ob es sich um etwas handelt, das sich in einen größeren Kontext einpasst oder nur im kleinen oder kleinsten Bereich wirkt. Hauptsache ist, dass es ethisch wertvoll ist und Sie selbst keinen direkten persönlichen Vorteil daraus ziehen! Möglicherweise würden sich auch bei Ihnen mit der Zeit indirekte, dennoch nicht minder wertvolle Vorteile einstellen: Innere Zufriedenheit, Ausgeglichenheit, Glücksgefühle gar, sowie Freude daran, anderen Menschen oder der Natur etwas Gutes tun zu dürfen. Ich selbst empfinde das inzwischen ganz intensiv so. Ihr verständlicher Wunsch nach Lebensverlängerung träte dabei sogar nach und nach in den Hintergrund bzw. verlöre nach und nach seine gedankliche Dominanz. Sie sollten dann versuchen in Ihrer neuen Aufgabe aufzugehen, sei sie - scheinbar - auch noch so gering. Sie müsste lediglich wirklich ganz ernsthaft gemeint sein! Eine Heilung vom Krebs kann und darf ich nicht versprechen! Aber ich selbst habe sie in der Folge und jetzt noch andauernd erlebt. Und wie einfach ein Anfang sein könnte, lesen Sie in dem folgenden Kapitel „*Einstieg in den ...*".

Zur Betonung der *Bedeutung uneigennützigen ethischen Handelns* auf unserem Globus lesen Sie jetzt sogar ein Beispiel aus dem Bereich der Tierwelt:

Das Orca-Beispiel

zeigt, dass uneigennütziges, mitfühlendes, resp. ethisches Verhalten sehr wichtig sein muss in der Gemeinschaft allen Lebens - so wichtig, dass ich die schon erwähnte Möglichkeit einer Rückkopplung auch auf uns selbst, auf unseren eigenen Körper als immer bedeutsamer einschätze!

Entsinnen Sie sich noch der sinngemäß schon mehrfach erwähnten Kernaussage der Nachdenkphase? *Alles ist miteinander verwoben; Alles hängt mit allem zusammen; nichts schwebt losgelöst irgendwo allein herum. Und das Ganze ist ein in sich völlig schlüssiges System in gegenseitiger Abhängigkeit.* Es stellte sich mir in diesem Zusammenhang die Frage, ob sich die wichtigsten Grundsätze dieser Arbeit, die der Ethik, nur auf den Menschen, bzw. nur auf das Handeln und Denken der Menschen beziehen? Diese Frage führte mich zum Ansatz einer ersten Antwort. Wenn alles miteinander verwoben ist und es sich um ein (in sich geschlossenes) System gegenseitiger Abhängigkeit handelt, dann sollte es doch eigentlich auch in Fauna und Flora, quasi spiegelbildlich, in etwa vergleichbare ethische Verhaltensweisen oder zumindest Ansätze dahin geben - und damit erneut die Bedeutung dieser Grundsätze (vor allem des 2. Ethikgrundsatzes) unterstreichen. Es dürfte dann aber auch Unterschiede in der „Qualität" der Ethik geben, so, wie es Unterschiede in den ethischen Einstellungen verschiedener menschlicher Gruppierungen gibt.

…..Dieser Fragenkomplex beschäftigte mich vornehmlich, seit ich im Februar `17 bei *Phoenix* (oder *3sat?*) einen Filmbericht über Orca-Forschung gesehen habe. Die Wissenschaftlerin in der Reportage befasste sich seit Jahren mit den sogen. *Killerwalen.* Sie berichtete u. a. über verschiedene residente Orca-Schulen und auch über deren Ernährung. So gebe es Schulen, die sich von der Robbenjagd ernährten, andere wiederum lebten von der Jagd auf Fische (Lachse, Makrelen). Während ihrer Forschungsfahrten habe sie mehrfach einen kranken (oder verletzten) Orca erlebt, dessen Finne und Schwanzflossen verletzt oder sonst wie beschädigt gewesen seien, so dass er nicht mehr habe jagen können. Die Forscherin habe dieses verletzte Tier inzwischen in der 4. (oder 5.) Orca-Schule angetroffen, einer Schule, die vom Fischfang gelebt habe.

Sie schilderte dann folgendes, von ihr selbst miterlebtes Geschehen: Ein Weibchen habe eine Makrele gefangen. Anstatt den ja nicht so sehr großen Fisch gänzlich selbst zu schlucken, habe es nur die Hälfte abgebissen und die andere Hälfte dem behinderten, fremden Tier überlassen.

Das so geschilderte Erlebnis berührte mich sehr tief und ließ mich gedanklich nicht mehr so schnell los. Es tangierte gleich mehrere Elemente aus dem Komplex des Mitgefühls. Insbesondere zeigte es, dass es Mitgefühl auch im Tierreich gibt. Es existiert also auch in der Fauna etwas, was ich eher schon in den Bereich von Spiritualität einordnen würde. Das ist an dem geschilderten Beispiel umso auffälliger, als es sich hier bei dem Hilfe empfangenden Orca nicht um einen handelte, der schon immer dieser Schule angehörte, sondern der von irgendwo sonst her kam, der sich also vermutlich auch genetisch von der Schule, der er sich angeschlossen hatte, unterschied. Denn die Forscherin berichtete ja, dass sie denselben Orca bereits in anderen Schulen beobachtet habe. Natürlich muss dann noch ergänzend gefragt werden, *warum* er nicht bei einer der anderen Schulen geblieben ist. Eine sich anbietende Antwort wäre, dass er bei denen *nicht* die existenziell notwendige Zuwendung und Hilfe erhalten hatte, die er für sein Überleben gebraucht hätte. Er wäre wohl verhungert.

Auch in dem Fall zeigt sich anscheinend ein Spiegel-bild zu unterschiedlich eingestellten menschlichen Gruppierungen (gegenwärtige Beispiele für das Vorliegen unterschiedlicher ethischer Haltungen in menschlichen Gruppierungen sind Ungarn und Polen hinsichtlich deren Asylpolitik).

Und es zeigt außerdem noch, dass das Muttertier, welches die Hälfte seiner Makrele an das kranke Tier abgab, ganz *bewusst uneigennütziges, ethisch wertvolles Verhalten* an den Tag legte. Denn es war ja vermutlich selbst hungrig, fraß dennoch nur die Hälfte des Fisches selbst, verzichtete demnach auf einen Teil seiner Nahrung (war also nicht auf den eigenen Vorteil bedacht), um einem fremden *Mit*-Orca zu helfen.

Der Grund, warum ich hier dieses Orca-Beispiel erzähle, ist ersichtlich. *Uneigennütziges, ethisches Verhalten* scheint eine Art „Wesensmerkmal" der Einheit - fast - allen Lebens auf Erden zu sein und entsprechendes Gewicht zu haben. Daher will ich jetzt einmal versuchen, die Bedeutung der beiden ersten Ethik-Grundsätze auch für die Krebsheilung noch weiter zu unterstreichen, in-dem ich **ein kurzes fiktives Gespräch zwischen zwei ebenso fiktiven Akteuren (*Natur A* und *Natur B*) entwickle. Dabei habe ich natürlich im Blick, dass ich aufgrund des ständigen Versuchs der Einhaltung beider Grundsätze tatsächlich selbst noch lebe!** Also glaube ich, dass meine Fantasie, die mich dieses fiktive Gespräch formulieren ließ, nicht allzu irreal ist.

Deswegen folgt hier ein Gespräch über

„Die Waldameisenpopulation"

Natur A: „Hast Du schon bemerkt, dass der alte **Ixypsilonzet** bald an Krebs sterben wird?"

Natur B: „Ja, natürlich habe ich das schon bemerkt. Aber ich bin traurig darüber! Denn eigentlich ist er doch jetzt ein ethisch wertvoller Mensch geworden, der eine wirklich gute Einstellung zu seinen Mitmenschen und zu uns, seiner lebendigen Umwelt, hat."

Natur A: „Das stimmt wohl. Du hast recht! Aber wenn alle diejenigen, die diese gute Einstellung uns gegenüber haben, noch leben dürften, würde der Sinn und Zweck des Sterbens, welchen Sinn und Zweck das auch immer haben mag, ja nicht erfüllt werden. Wir dürfen doch nur in besonderen Ausnahmefällen etwas tun, um anderen unserer Mit-Lebewesen ein noch etwas verlängertes Leben zu ermöglichen."

Natur B: „Ich muss zugeben, dass auch Du ohne Zweifel recht hast! Aber sieh' doch einmal, dass der **Ixypsilonzet** trotz seines Alters noch jeden Tag in den kleinen Wald hinter seinem Haus geht, um etwas zu tun zum Schutz des einzigen Waldameisenhaufens in dem kleinen Wald. Er schaut nach, ob der Ameisenhaufen noch unversehrt ist, stellt sogar Schilder auf mit Informationen über die wertvollen Waldameisen, mit der Bitte, doch recht vorsichtig zu sein und den Haufen nicht versehentlich zu zerstören. Wollen wir ihm nicht doch noch eine Chance geben, damit er noch etwas länger Zeit hat für unsere Gemeinschaft und dafür, den Waldameisen nützlich sein zu können?"

Natur A: "Es stimmt zwar, dass er jetzt Gutes tut für die Waldameisen. Aber früher hat er doch Einzelnen oder der Umwelt viel Schaden zugefügt."

Natur B: *„Das ist richtig. Jedoch hat er sich ja völlig geändert. Denn gegenwärtig versucht er, anderen und der Umwelt nicht mehr zu schaden. Das vergangene Schlechte, was von ihm kam, konnten wir ausgleichen und erleiden nichts Schädliches mehr von ihm. Im Gegenteil, jetzt nützt er uns mit seiner geänderten Grundhaltung viel. Und dazu nun noch das mit den Waldameisen ..."*

Natur A: *„Liebe Natur B, dieses Mal muss ich Dir beipflichten. Ja, der **Ixypsilonzet** tut wirklich viel für uns und will sogar nichts dafür haben. Irgendeinen Vorteil sieht er für sich selbst nicht. Er denkt nur an uns und an die Waldameisen. Deswegen schlage ich vor, dass er noch so lange leben soll, bis der Ameisenhaufen eine dermaßen große Population hat, dass sich dessen Volk teilen und woanders in dem Wald einen zweiten Ameisenhaufen errichten muss. Dann ist das Überleben dieses genetisch verwandten Volkes einigermaßen gesichert. Das wird aber bestimmt noch einige Zeit dauern. Und solange kann sich **Ixypsilonzet** dann doch noch seines Lebens erfreuen. Wir sollten also dafür sorgen, dass der Krebs wieder von ihm genommen wird oder sich sein Gesundheitszustand zumindest sehr verbessert. Was hältst Du denn davon, liebe Natur B?"*

Natur B: *„Gut. Damit bin ich einverstanden. Dann machen wir das so!"*

Dieses fiktive Gespräch soll veranschaulichen, dass eine Lebensverlängerung für die Mitwelt dann doch wichtig ist, wenn der Erkrankte tatsächlich etwas tut für die lebendige Gemeinschaft, ganz egal, ob es sich um ein Handeln innerhalb eines großen oder eines kleineren Rahmens handelt, ganz egal, ob das Vorhaben selbst ein größeres oder ein kleineres ist. Jeder Beitrag ist von Wichtigkeit und kann dem Gedeih der Gemeinschaft des

Lebens dienen, wenn er ethisch wertvoll ist. Also gibt dieselbe Gemeinschaft auch etwas zurück an denjenigen, der ohne einen direkten eigenen Vorteil etwas Wertvolles beiträgt für sie! Er kann daher Heilung oder erheblichen gesundheitlichen Fortschritt erfahren, egal welche schlechten Taten auch in seiner Vergangenheit gelegen haben mögen. Allerdings kann natürlich diese Heilung oder Besserung nicht zu einem unbegrenzten Leben führen. Das muss selbstverständlich auch klar sein.

Dass diese Gemeinschaft (= in der sich meines Erachtens zugleich wieder auch Gott manifestiert) tatsächlich etwas zurück gibt, das haben wir (meine Frau und ich) übrigens jedes Mal *dann* erlebt, wenn wir in Notsituationen anderer Spenden in einer Höhe geleistet haben, die wir uns eigentlich nicht hätten leisten können, die uns also schon „*weh taten*", wie wir das zu bezeichnen pflegten. Das „*zurück bekommen haben*" ist uns aber immer erst später (rückblickend) aufgefallen, dafür dann jedoch ganz zweifelsfrei!

Inwieweit die Flora gleichermaßen wie die Tierwelt an solcherart Wechselbeziehungen beteiligt ist, vermag ich nicht einzuschätzen. Bekannt ist aber, dass sich Pflanzen z. B. bei Gefahren gegenseitig warnen, teilweise auch unterstützen können. Wenn mich meine Erinnerung nicht trügt, senden z. B. von Borkenkäfern befallene Bäume entsprechende Signale über den Befall an benachbarte Bäume aus. Die Nachbarbäume können dann Abwehrstrategien entwickeln. Und wenn diese Nachbarbäume nicht zu alt sind und auch sonst noch über eine eher gute Baumgesundheit verfügen, sollen sie manchmal wohl sogar eine Chance haben, einen Befall zu überleben. So entstanden für mich folgende

Nimm Dir ein uneigennütziges, ethisch wertvolles Vorhaben vor! Führe es ernsthaft und mit Beständigkeit durch. Freude an Deinem neuen Lebensinhalt wird schließlich Besitz von Dir ergreifen und Deinen verständlichen Wunsch nach Weiterleben sogar nach und nach in den Hintergrund rücken.

Lesen Sie jetzt, wie leicht es sein kann, ein uneigennütziges, ethisch wertvolles Vorhaben einfach so zu beginnen.

Einstieg in den 2. Ethikgrundsatz, leicht gemacht!

Das hier vorliegende Büchlein zu schreiben war offensichtlich von vornherein *Sein* Wunsch als das eigentliche *uneigennützige Vorhaben*, was ich ausführen sollte. Aber stellen Sie sich einmal vor, das wäre in meinem damaligen körperlich und geistig sehr schwachen Zustand gleich meine erste uneigennützige Aufgabe gewesen. Glauben Sie etwa, mir wäre ein Einstieg in eine derartige Aufgabe einfach so möglich gewesen? Vermutlich nicht! Ich wäre zurückgeschreckt vor einem solchen für mich damals viel zu gewaltigen Vorhaben! Mit der Folge, dass ich *nichts* getan hätte! Doch *Er* **wollte es mir leicht machen!**

.....Daher musste es zu Beginn einfach eine für mich ganz unkomplizierte Aufgabe sein, die mich nicht von vornherein zurückschrecken ließ! Wie Sie wissen, durfte ich anfangen mit einer viel einfacheren Aufgabe, mit der für die Familie. Damit fühlte ich mich in keiner Weise überfordert, zumal es ja meinem Gebetswunsch entsprach.

Anfänglich hatte ich also nichts zu tun, was mir in meinem Zustand zu schwer gefallen wäre. Falls Sie meinen Weg interessant genug finden, um ihn - nach Rücksprache mit Ihrem behandelnden Arzt - ebenfalls versuchen möchten zu gehen, beabsichtige ich folgend, Ihre Gedanken so anzuregen, dass Sie sich leicht selbst einfachere Vorhaben als *Einstieg* in eine erste wertvolle selbstlose Handlung erdenken können. Dazu habe ich 3 „Modelle" gewählt.

1. Beispiel: Angenommen, Sie und ein anderer Mensch aus Ihrer engeren Umgebung mögen einander gar nicht. Es harmoniert überhaupt nicht zwischen Ihnen, und häufig gibt es daher Missstimmungen oder gar Streit. Vielleicht ist es ja *jetzt* einen Versuch wert, diesem Menschen mit ernsthafter und ehrlicher Absicht zunehmend freundlicher zu begegnen, um dem unerfreulichen Zustand zwischen Ihnen ein Ende zu setzen! Es ist doch nur ein relativ geringer Aufwand dazu erforderlich! Kann das nicht schon eine erste ethische und uneigennützige Aufgabe für Sie sein? Denn es kommt doch nicht auf die Größe der Aufgabe an!

So nach und nach verselbständigt, „automatisiert" sich dann Ihre Bemühung. Ihre Anstrengung ist schließlich gar keine mehr! Und Ihr Gegenüber kann sich dieser Ihrer Bemühungen bald auch nicht mehr entziehen! *„Wie es in den Wald hinein schallt, so schallt es heraus!"*, heißt es! Auch er entwickelt Ihnen gegenüber mit der Zeit die gleichen Gefühle. Sie beide verstärken sich fortan gegenseitig! **Sie und der andere begegnen sich zukünftig mit immer freundlicheren Gefühlen füreinander. Damit gelingt Ihnen Ihr gutes Vorhaben auch wirklich!**

Anfangs mag Ihnen vielleicht selbst diese etwas bescheidenere Aufgabe nicht ganz so einfach fallen, denn Sie mögen doch erst einmal eine gewisse innere Abneigung überwinden müssen. Aber ein bloßes Fingerschnippen allein wäre sicher doch etwas *zu* einfach! Ein wenig mehr ist schon erforderlich, ohne dass aber zu Schweres oder Unmögliches abverlangt wird. Und sogar dieses etwas kleinere Vorhaben zu Anfang nimmt schon einige Zeit in Anspruch, um sich entsprechend auszuwirken. Es kann der nötige Zeitgewinn sein, der erforderlich ist, damit Sie mit Ihrem guten Wirken fortfahren können. Wie es dann weitergehen kann, siehe unten nach dem 3. Beispiel.

2. Beispiel: Angenommen, Sie verfügen über einen Garten oder in Ihrer Nähe befindet sich eine freie Fläche, die zwar gepflegt aber dennoch von niemandem sonst anderweitig genutzt wird. Warum überlassen Sie nicht einen kleinen Teil des Gartens oder einen kleinen Teil der Fläche sich selbst, lassen dort sogen. Unkräuter wachsen und hören auf, diese Areale „mit der Schere" unbedingt *ordentlich(?)* zu halten? Vielleicht lassen Sie ja - *etwas „gesteuerter"* - sogar einige sonst ungeliebte Unkräuter für das Insektenleben zu, denn dafür gibt es in unseren Landschaften immer weniger Flächen. Insekten sterben aus. Neueste Wissenschaftsberichte zeigen, dass der Insektenbestand in Deutschland geradezu besorgniserregend abgenommen hat. Blüten für Bienen fehlen. Vögel und anderes Getier finden nicht mehr ausreichend Nahrung!

Sie erleben dann, dass die Anzahl der Insekten schon in Ihrem kleinen Gebiet wieder zunimmt. Auch Vögel stellen sich neu ein. Bei uns können wir inzwischen zu fast jeder Tages- und Nachtzeit Vögel (auch Nachtigallen) hören. Wir können auf unserem Grundstück manchmal sogar Eidechsen oder seltenere Kröten bewundern. Im vergangenen Sommer fielen mir auf irgendwelchem niederen Blattwerk unseres etwas weniger gepflegten Rasens unzählige kleine schwarze Raupen auf, Raupen von Pfauenaugen. So durften wir uns in diesem Sommer und Herbst über viele dieser herrlichen Falter zwischen unserem Schmetterlingsflieder freuen. Die schönen Falter hatten die vielen nahen Futterpflanzen zum Anlass genommen, ihre Eier ganz in der Nähe abzulegen.

Wenn Sie sich dergleichen vornehmen und das dann auch ernsthaft und ehrlich umsetzen, *so haben Sie uneigennützig und ethisch gut gehandelt* und auch noch einen großen inneren Vorteil davon, nämlich viel Freude! **Sie haben mit wenig Aufwand Ihrer näheren Umwelt Gutes getan. Der Anfang ist gemacht!** Wie es danach weitergehen kann, siehe wieder unten nach dem 3. Beispiel!

3. Beispiel: Dazu möchte ich das fiktive Gespräch über „*Die Waldameisenpopulation*" heranziehen. Der darin agierende alte Mann *Ixypsilonzet* sieht es als *die* Aufgabe seines Lebensabends an, die Waldameisen schützen zu müssen. Dieses Vorhaben fordert nicht sehr viel von ihm ab, ausgenommen seine tiefste, ehrliche Überzeugung von dem wenigen, was er für die Existenzsicherung der Ameisen zu tun hat. Dabei geht er in seiner Aufgabe voll auf. Sie wird sein neuer, erfüllter Lebensinhalt. *Zugleich verändert sich zunehmend auch seine eigene ethische Einstellung.* **Er verwandelt sich in einen guten Menschen.** Schließlich darf er noch so lange weiterleben, wie es nötig ist, um den Bestand dieser genetisch einheitlichen Art des Ameisenvolkes zu sichern! Sooo einfach ist das!

An und für sich wäre hier bereits das Ende dieses „*Leicht-gemacht-Kapitels*" gekommen. Sie konnten lesen, dass es zu Anfang wirklich ganz einfach sein kann, mit einem ethisch wertvollen, uneigennützigen Vorhaben zu beginnen, welches Ihnen auch nicht zuviel abverlangt. **Aber zu Recht fragen Sie, wie es danach weitergehen könnte?**

Sie entsinnen sich vielleicht: Bei mir lief es dergestalt ab, dass in mir ziemlich frühzeitig, noch während der

Erledigung meiner Familienaufgabe, ein Gedanke auftauchte, es könnte noch eine weitere Aufgabe auf mich warten, die es mir ermöglichen oder erforderlich werden lassen würde, doch noch weiter zu leben, also über meinen eigentlichen Gebetswunsch hinaus.

Wenn Sie sich meinem Ansatz anzuschließen beabsichtigen, wäre mir es vorstellbar, dass das bei Ihnen ganz genau so der Fall sein könnte. Dann würden Sie erst ganz, ganz leicht von solchen Gedanken sehr leise und aus tiefster Tiefe herkommend *berührt* werden! Und wenn Sie derartige *Berührungen* auch zuließen, würden sich diese Gedanken zunehmend verdichten zu einem relativ klaren Hinweis auf eine weitere Aufgabe, die auf Sie warten würde. Das bedeutete also, dass Sie in sich selbst eine neue Aufgabe erkennten, die einerseits auf Sie warten und sie andererseits auch nicht mehr überfordern würde, denn Sie hätten bis dahin ja schon Erfahrungen gesammelt.

Das neue Vorhaben würde mehr und mehr von Ihnen Besitz ergreifen und Ihnen *zunehmend* große innere Freude und Zufriedenheit bereiten. Es gäbe Ihrem Leben einen ganz neuen Sinn! Die einzige und ganz wesentliche Bedingung wäre dann lediglich wieder, dass Sie von Ihrer Aufgabe wirklich sehr tief und sehr ernsthaft überzeugt sein und nach dieser Überzeugung auch handeln sollten!

Ganz genau so ging es mir! Seit einiger Zeit empfinde ich ein sich steigerndes Glücksgefühl, sowie ein tief sitzendes, inneres Lächeln, was inzwischen öfter auch mal nach Außen dringt. Und ein neues Vorhaben deutet sich sehr zart auch schon wieder an, so dass ich den Eindruck gewinne, noch so lange weiterleben zu dürfen, wie ich

Gutes im beschriebenen Sinne tue (wobei aber alles andere an Lebensaktivitäten ebenso seinen Platz hat und haben darf und überhaupt nicht eingeschränkt wird!).

Was dieses neue Vorhaben sein kann, davon habe ich bereits schon relativ konkrete Vorstellungen, kann aber hier noch nicht davon sprechen. Denn die Gedanken dazu müssen erst noch weiter reifen. Ich erwähne es nur deswegen, weil es ganz genau diesem Ihnen eben geschilderten Ablauf entsprach: Zunächst ganz schwach, dann immer intensiver deutete sich aus meiner Tiefe her eine neue Aufgabe an, auf die ich mich jetzt schon freue, obwohl sie noch viel mehr fordern wird von mir. Aber jetzt habe ich ja bereits gewisses Training.

Fazit: Der Einstieg ist also alles andere als schwer!

Der 3. Ethikgrundsatz:
Einheit der Ethikgrundsätze 1 und 2

Dass eine gute ethische Grundhaltung *allein* nicht ausreichen kann, um den Krebs zu heilen, zu stoppen oder dessen Entwicklung auch nur zu verlangsamen, scheint fast selbstverständlich zu sein. Denn ganz sicher gibt es viel mehr Menschen, die eine entsprechend positive Einstellung haben, als solche, die kein ethisches gutes Leben führen. Wenn die *gute ethische Grundhaltung allein* schon ausreichen würde, gäbe es schon deswegen kaum noch Krebstote. In dem Zusammenhang ist es übrigens mein (nicht belegbarer) Eindruck, dass ethisch wertvolle Menschen häufig sowieso schon länger leben als andere. Dafür war mir die Schauspielerin *Inge Meisel,* die ja jedem meiner Generation bekannt sein dürfte, immer ein Beispiel gewesen. Und es gibt sicher auch viele Menschen, die keine wertvolle ethische Grundhaltung haben und dennoch ebenfalls alt werden. Es hat daher den Anschein, dass die grundsätzliche Art der ethischen Einstellung keinen Einfluss auf das Alter ausübt. Auch deswegen kann geschlossen werden, dass sie **allein** ebenso wenig Gewicht bei Krebsheilung hat.

Also muss noch etwas dazu kommen. Und das ist eben das zuvor beschriebene *gute, uneigennützige Vorhaben.* Jedoch kann das **allein** auch nicht ausreichen. Denn sonst könnten ja beispielsweise Hochkriminelle lediglich über den Weg der Vornahme eines solchen Vorhabens erfolgreich gegen Krebs angehen. Denn häufig genug werden Mafiosi oder andere Verbrecher uneigennützig Gutes für ihren Clan, für ihre Familie oder gar auch für die Natur tun. Wenn das allein schon ausreichen würde, könnten sie ja ihr eigentlich unethisches Leben fortsetzen!

Das zeigt, dass keiner der beiden Ethikgrundsätze *allein* für eine Krebsheilung oder Besserung ausreichen kann. Es müssen beide gegeben sein. Der 1. und der 2. Ethikgrundsatz gehören *untrennbar* zusammen!

Darauf deutet auch noch selbst Erfahrenes hin. Denn wenn ich die Entwicklung meiner ethischen Grundhaltung rückblickend betrachte, kann ich feststellen, dass sie sich zwar langsam aber dennoch stetig weiter entwickelte. Ich erzählte ja schon, dass ich seit vielen Jahren nicht mehr hasse; dass ich mir ebenfalls keine Filme mehr ansehe, in denen viel getötet wird; dass ich weniger Schweinefleisch konsumiere als früher; dass ich meine Eltern, insbesondere meinen Vater, lieben gelernt habe, usw. Die Reihe von Beispielen grundsätzlich positiver ethischer Weiterentwicklung ließe sich fortsetzen. Aber dennoch verhinderte sie nicht die Krebserkrankung. Erst dann, als die uneigennützigen Besorgungen hinzu kamen, veränderte sich mein Krebsstatus in Richtung *Heilung*.

Also auch meine eigenen Erfahrungen bestätigen die **Unabdingbarkeit des gleichzeitigen Vorliegens der *beiden* ethischen Teilgrundsätze 1 und 2!**

Der Energiegrundsatz

Mit diesem weiteren Grundsatz in meinem Büchlein gehe ich davon aus, dass Gott – neben Medikamenten - dem Körper zusätzlich auch noch körpereigene Hilfsmittel zur Verfügung gestellt hat, mit denen er Krankheiten selbst bekämpfen kann. Davon zeugt u. a. auch die inzwischen unbestreitbar nachgewiesene *Wirkung der Kraft der Autosuggestion*, über deren z. T. sehr eindrucksvolle Ergebnisse meines Wissens erstmalig grundlegend der Schweizer *Emile Coué* eine Abhandlung (*Autosuggestion*) veröffentlicht hat (die ich vor ca. 50 Jahren einmal gelesen habe). Leider wird diese nicht mehr bestrittene Wirkung der *heilenden Kraft der Einbildung* von der medizinischen Wissenschaft, der medizinischen Praxis und in den Medizinstudiengängen anscheinend immer noch sehr stiefmütterlich behandelt. Vermutlich kann die erheblich unterschätzte Selbstheilungskraft durch „*Einbildung*" auch im Kampf gegen den Krebs eine bedeutende Rolle spielen. Deswegen schien sie mir auch hier innerhalb des Energiegrundsatzes sehr wichtig zu sein, weil sie möglicherweise dazu beitragen könnte, dass der Körper seine Energie *auf den Punkt genau* hauptsächlich nur dort einzusetzen bräuchte, wo sie tatsächlich benötigt würde. Ob nun die Heilkräfte der Einbildung in diesen Abschnitt einzuordnen sind oder eher eigenständig erwähnt werden sollten, schien mir aber im Grunde egal zu sein. Wichtig war, sie überhaupt einzubringen! Das habe ich an den angebrachten Stellen getan.

„*Kampf*" gegen den Krebs bedeutet zugleich, dass der Körper auch dafür Energie benötigt. Es kann kein Kampf geführt geschweige denn gewonnen werden, wenn ihm nicht ausreichend Energie zur Verfügung steht. Nach der *Nachdenkphase* war es mein Bestreben, es vornehmlich dem Körper selbst zu überlassen, gegen den Krebs anzugehen, also keine weitere ärztliche Hilfe über den Weg medikamentöser oder chemotherapeutischer Unterstützung in Anspruch zu nehmen. Tatsächlich habe ich seit meiner Entlassung aus dem Krankenhaus bis jetzt keinen einzigen Krebsspezialisten aufgesucht, nicht einmal meinen ursprünglich einweisenden Facharzt. Jedoch sollten Sie sich mir in dieser Hinsicht *keinesfalls* anschließen! Denn ich selbst konnte lediglich deswegen so verfahren, weil ich damals ja davon ausging, dass mein Leben bald sowieso beendet sein würde (siehe auch Ausführungen zum „*Gebet*"). Sie selbst sollten jedenfalls einen Arzt um medizinische Unterstützung bitten. Dabei könnten Sie mit ihm auch über meine Ansichten zur Frage des Energieeinsatzes sprechen. Denn für mich offensichtlich haben diese ja zu meinem eigenen Erfolg mit beigetragen.

Der Körper braucht ohnehin Energie, um sein Leben erhalten zu können. Als Binsenweisheit wäre das eigentlich gar nicht erst einer Erwähnung wert. Er braucht aber insbesondere dann viel Energie, wenn er krank ist. Offensichtlich braucht er besonders viel Energie zur Bekämpfung einer der tödlichsten Krebsarten überhaupt, der Erkrankung an Bauchspeicheldrüsen-Krebs. Für mich ergaben sich daher - zugleich ganz nach *Coué* - folgende

<u>Gedanken zu Verhaltensregeln:</u>
Ich denke – vor allem während der Ruhephasen – daran, dass *gerade in diesem Augenblick* mein Körper mit all seiner Energie gegen den Krebs ankämpft; ich sollte mich darüber freuen und

**ihm das Ruhen gönnen. Es wird mir dann
nach und nach besser und besser gehen!**

Wann immer ich ruhte oder vor dem Einschlafen
stand, gingen mir diese Gedanken durch den Kopf, das
heißt: So oft wie möglich, wieder und wieder!

Mir war in den ersten Wochen und Monaten der Erkrankung so kalt wie nie zuvor; so viel gefroren hatte ich
noch nie. Innerhalb des Hauses hatten wir Raumtempe-
raturen von ständig 23 – 24 Grad. Dennoch trug ich
einen Trainingsanzug, darunter einen Pulli, darunter ein
Hemd, über allem eine Strickjacke und zog im Haus
noch dazu einen dicken Frottee-Bademantel an. Zusätzlich hängte ich mir häufig eine Corddecke über Kopf
und Schultern, aus der ich wie aus einer warmen Höhle
in die „Kälte" hinaus lugte, hoffend, dass ich mich nicht
unnötig aus meinen „Zwiebelschalen" auspellen müsse.
Denn ich fror trotz hoher Zimmertemperatur und aller
Bekleidung immer noch. Anderen Krebskranken ging es
z. T. ähnlich, wie ich später erfuhr. Nach meiner Auffassung unterstrich das nur, dass der Körper bereits von
sich aus sehr viel unternahm, um gegen die Erkrankung
anzukämpfen. Offensichtlich entzog er vielen anderen
Körperfunktionen Energie, damit zugleich auch Wärme,
und zwar von dort, wo sie derzeit *nicht unbedingt lebenswich-
tig* war, um sie dem Kampf gegen den Krebs zuführen zu
können.

Daher fragte ich mich auch, ob es überhaupt zwingend erforderlich ist, jetzt, da sich der Körper in Todes-
gefahr befindet, das allgemeine Immunsystem in seinem
breiten Spektrum zu stärken, etwa durch Spaziergänge,
Sport, Training auf dem Heimtrainer usw.? „*Nein, da auch
dafür Energie benötigt wird!*" **Meine** Alternative hieß da-

her: *„Entweder bekämpfe ich den Krebs sofort mit dem totalen Einsatz aller Kräfte oder ich setze nicht alles ein, was ich eigentlich einsetzen könnte und verringere damit meine Überlebenschancen. Die - sonst sehr sinnvolle - generelle Stärkung der „Breitband"-Immunabwehr musste m. E. daher warten können, bis die akute tödliche Bedrohung vorüber ist".*

Nun bin ich wieder soweit gesundet, dass ich erneut sogar Heimtrainer-Übungen aufgenommen habe. Und inzwischen (Stand: Oktober 2017) arbeite ich schon wieder sehr viel (soweit es meine verbliebenen bzw. wieder erlangten körperlichen Fähigkeiten überhaupt zulassen) an der Renovierung und baulichen Veränderung unseres neu gekauften alten Hauses. Siehe dazu unten unter *„Neue Lebensfreude"* mehr.

Gleiches muss natürlich auch - eingeschränkter - für kognitives Arbeiten gelten. Geistesarbeit benötigt ebenso Energie. Auch hier wäre eine Abwägung sinnvoll, ob es in dieser Situation tödlicher Bedrohung nicht besser sein würde, derartige Betätigungen etwas zu reduzieren. Vieles könnte ich sicher nachholen, wenn es mir wieder besser geht. Falls mein Körper es dann dennoch nicht gegen den Krebs schafft, so hätte ich schließlich nichts versäumt. Ich hätte zumindest das Bewusstsein, alles versucht zu haben.

Es könnte jedoch ein Problem sein, das zuvor beschriebene uneigennützige Vorhaben energiesparend zu beginnen. Damit hatte ich damals dann auch für kurze Zeit gewartet bzw. mich zunächst nur „etwas lockerer" in Gedanken damit beschäftigt, bis die Naturheilmittel (siehe nachfolgenden Grundsatz) anscheinend dazu beitragen konnten, meinen Krebsstatus etwas zu stabilisieren.

So galten für mich folgende

Gedanken zu einer mir wichtigen Verhaltensregel:
Kein Energieeinsatz für Betätigungen, die im Moment nicht zwingend erforderlich sind! Jeden jetzt nicht unbedingt nötigen Aufwand von Energie sollte ich unterlassen!

Zudem musste meinem Körper ständig möglichst viel Energie auf einem möglichst gleich bleibend hohem Niveau zur Verfügung stehen, um seinen Kampf *beständig und* **unter nur geringen Schwankungen** führen zu können. Dabei ging mir als Nicht-Vegetarier durch den Kopf, dass ich gegenüber Vegetariern oder Veganern wohl doch Vorteile habe, denn (rotes) Fleisch ist nicht nur ein Energieträger ersten Ranges, sondern gibt seine Kraft nach meiner Erfahrung auch nur nach und nach ab, kann also zu einer gewissen Regelmäßigkeit der Energieversorgung beitragen In Nepal kann man *Bergsteiger-Energienahrung* kaufen. Dabei handelt es sich um getrocknetes und geröstetes Büffelfleisch. Die Energie, die in diesem Fleisch steckt, hält relativ lange vor. Der Körper kann daher aus rotem Fleisch ziemlich gleichmäßig seinen Nutzen ziehen. Schwankungen oder Spitzen im Energiebedarf könnten ausgeglichen werden durch zusätzliche andere energiehaltige Nahrung. Daher denke ich, dass Vegetarier/Veganer im Vergleich zu mir noch häufiger und noch regelmäßiger essen sollten, um so eine eventuell ungenügende Energieaufnahme ausgleichen zu können.

Und alle Speisen sollten gut gegart sein, um deren Kraft dem Körper leichter zugänglich zu machen. Dazu gehört aber unbedingt auch gute Vorverdauung im Mund, d. h. sehr gutes und gründliches Kauen. Während ich vor der Krebserkrankung mein Essen geradezu verschlang und so etwa in der Hälfte der Zeit, die meine Frau brauchte, meine Mahlzeiten beendete, benötigte ich während der „Hochphase" der Erkrankung die ca. vierfache Zeit.

Ein sehr aussagekräftiges Beispiel, wie es *nicht* sein sollte, erlebte ich etwa im Juli oder August 2016, also zu einem Zeitpunkt, zu dem ich annahm, dass mein Heilungsprozess schon weit fortgeschritten, ich natürlich aber noch nicht ausgeheilt war. Eine der Spezialitäten meiner Frau sind Aufläufe, die mir stets sehr lecker schmecken. Sie bereitete als Hauptmahlzeit einen Kartoffel-Gemüse-Käse-Auflauf mit Shrimps zu, der sehr appetitanregend roch und auch so mundete. Jedoch hatte sie die Garzeit im Backofen zu knapp eingestellt. Die Kartoffeln und das beigegebene Gemüse waren noch halb roh, auch die Shrimps. Dennoch aß ich den Auflauf mit Appetit. Die halbgare Zubereitung verleitete mich jedoch dazu, nur sehr oberflächlich zu kauen. Es machte mir einfach keinen Spaß, Halbgares gründlich zu kauen. Das bedeutete, dass eine vernünftige Vorverdauung im Mund nicht stattfand. Die Verdauung des Essens im Magen kostete mich daher mehr Energie, als sie dem Körper einbrachte.

Die Folgen verspürte ich fast unmittelbar danach. Schon kurz nach dem Essen verfiel meine Stimme, ein untrügliches Anzeichen dafür, dass mir das Essen und damit dessen Energie nicht zugänglich geworden war. Recht bald fühlte ich mich auch sonst zunehmend elend. Mir wurde kalt und ich fröstelte. Denn der Magen musste ja jetzt mehr Energie zur Verdauung aufwenden, als dem Körper zugeführt worden war. Ihm, dem Körper, wurde regelrecht Kraft entzogen. Schließlich bemerkte das auch meine Frau, *„Du machst jetzt gar keinen guten Eindruck".* Dringend musste ich daher etwas unternehmen. Also briet ich mir ganz schnell ein original Wiener Schnitzel aus Kalbfleisch. Das half zumindest über die ersten Schwierigkeiten hinweg. Die in der Fleischscheibe gespeicherte Energie versorgte mich bis zum Morgen ausreichend.

Dieses Beispiel ist gut geeignet aufzuzeigen, wie es sich auswirkte, wenn ich mich nicht an meine eigenen Regeln hielt. Daher erstellte ich mir die folgenden

<u>Verhaltensregeln:</u>
Ich werde energiereich, reichlich, gut gegart und gut gekaut, sowie auch häufiger essen!

Schlaf ist ein ganz wichtiger Bestandteil des Energiegrundsatzes, stellte ich fest! Mein Körper benötigte jetzt sehr viel Schlaf. Während dessen konnten die körpereigenen Energien nahezu uneingeschränkt und ungestört ihren Kampf gegen den Krebs führen, denn das *„Coué-Prinzip" der Autosuggestion* richtete alle Energie *punktgenau* auf den Kampf gegen den Krebs aus! Energie wurde für irgendwelche nicht ganz so wichtigen Verrichtungen, zumindest während des Schlafes, kaum eingesetzt.

Auch wenn *scheinbar* keine Müdigkeit vorlag, so nahm der Körper doch dankbar jede Möglichkeit zusätzlichen Schlafs an. Bei mir hat immer einfach schon das Hinlegen ausgereicht, um fast sofort einschlafen zu können, sogar wenn ich vorher überhaupt nicht müde gewesen zu sein schien.

Selbst jetzt noch schlafe ich sehr viel, weil ich doch noch etwas geschwächter bin im Vergleich zu der Zeit von vor dem Krebs. Vielleicht ist das aber auch schon reine Gewohnheit geworden.

Deswegen steht für mich innerhalb des Energiegrundsatzes der Grundsatz fest: *Je mehr Schlaf, desto besser!*

Es entwickelten sich daher für mich - erneut dem *Coué-Prinzip* folgend - insgesamt folgende Gedanken zu

<u>Verhaltensregeln:</u>
Ich nutze jede Möglichkeit zum Schlaf oder zur Ruhe! Auch wenn ich - scheinbar - nicht müde sein sollte, sollte ich mich dennoch hinlegen! Ich werde erleben, dass ich sehr schnell einschlafe! Das sehe ich als Beweis dafür an, dass ich den Schlaf für den Kampf gegen den Krebs dringend benötige!

Ende des Energiegrundsatzes!

<u>Wichtiger Hinweis:</u>

Anbetracht der Tatsache, dass meine Einschätzung über den Komplex Energie, wie ich ihn in diesem Kapitel dargestellt habe, eine teilweise andere ist, als die diesbezüglich gängige Auffassung der medizinischen Wissenschaften, sollten Sie nicht auf ärztlichen Rat verzichten, falls mein Ansatz für Sie hinsichtlich eigener Anwendung interessant sein sollte. Gleiches gilt ausdrücklich auch für das nachfolgende Kapitel, den *Naturheilmittelgrundsatz*.

Der Naturheilmittel-Grundsatz

Die Heilige und Benediktinernonne *Hildegard von Bingen* verfasste vor knapp 1000 Jahren viele Lehrschriften. Und sie schrieb auch über die Heilkräfte von Pflanzen. Spätestens seit der Zeit dieser Heiligen ist sehr viel über Heilpflanzen bekannt, Ganz sicher ist, dass es noch viele weitere pflanzliche Schätze zur Heilung von Krankheiten zu heben gilt. Mir kommt es so vor, als ob *GOTT* es extra so gerichtet hat, dass alles Leben auf Erden voneinander Nutzen ziehen kann, denn auch Pflanzen sind Leben! Das würde auch dem Grundsatz der Verwobenheit und gegenseitigen Abhängigkeit, wie ich ihn in der Nachdenkphase verstanden habe, entsprechen.

Ob allerdings die pflanzlichen Heilmittel *allein* ausgereicht hätten, eine derart gefährliche Krebserkrankung, wie es Bauchspeicheldrüsenkrebs ist, zu heilen, dessen bin ich mir durchaus nicht sicher. Denn zu eindringlich erschien mir in der beschriebenen Antwort auf mein Gebet die Dominanz der Ethik! Deswegen sehe ich es eher so, dass die natürliche, pflanzliche Medizin *ergänzend* gewirkt haben wird. Die Mittel der Natur werden bei dieser gefährlichen Krebsart, unter der ich litt, wohl lediglich mit dazu beigetragen haben, mir die im Gebet erbetene Fristverlängerung zu verschaffen bzw. lediglich einen gewissen Anteil zur Heilung beigetragen haben.

Nach Beginn der Einnahme pflanzlicher Mittel schien sich mein Zustand dann tatsächlich langsam zu „stabilisieren". Noch Anfang Februar lief ich nach eigenem Empfinden und auch nach Bekunden meiner Frau wie eine wandelnde Leiche herum, war körperlich sehr schwach, hatte nur noch eine tonlose Stimme usw. Damals war ich überzeugt davon, dass ich den schon erwähnten wichtigen Termin am 30. April nicht mehr erleben würde. Ja, selbst das Ende des Monats März erreichen zu können erschien mir sehr zweifelhaft.

Tatsächlich jedoch konnte ich den Termin im April, der auf einige Stunden Dauer angelegt war, wahrnehmen, benötigte aber doch noch die Unterstützung meiner Tochter, da ich nach der kurzen Zeit des Beginns der Gesundung noch lange nicht wieder soweit hergestellt war, dass ich längere Zeit ohne zwischenzeitlichen Schlaf hätte durchhalten können.

Inzwischen nehme ich nur noch gelegentlich Naturheilmittel und dann auch nur noch zu reinen Vorbeugungszwecken, kein einziges mehr häufiger!

Gleichmäßig wiederkehrend oder zeitweilig habe ich mich folgender natürlicher Heilmittel bedient (ein Mittel habe ich gar nicht angewendet), um die anderen, sehr bedeutenden Grundsätze auf diese Art und Weise zu unterstützen! Denn meiner schon geäußerten Ansicht entsprechend hätten die Naturheilmittel in meinem Falle allein vermutlich kaum ausgereicht, den gefährlichen Bauchspeicheldrüsenkrebs heilen oder grundlegend bessern zu können! Darüber sollte sich auch jeder Leser im Klaren sein!

Regelmäßige Einnahme:

Tibetische Nahrungsergänzungsmittel
zu beziehen von
Amchi Lobsang Tsultrim
De Gasperisingel 18

RB 6716 Ede, Holland,
https://www.amchilobsang.com

(*Amchi* ist die Bezeichnung für einen praktizierenden tibetischen Therapeuten. In Tibet selbst werden die traditionellen Ärzte tibetischer Heilkunde so genannt). Der *Amchi* spricht Englisch, auch etwas Deutsch und Holländisch.

Hinweis: *Lobsang-La* gibt die aus rein pflanzlichen Wirkstoffen bestehenden Nahrungsergänzungsmittel nur auf ausdrückliche Anfrage ab. Eine vorangehende Untersuchung entsprechend der 2000jährigen tibetischen Heiltradition (Pulsdiagnose, Augen- und Zungendiagnostik, Urinanalyse) war zwar nicht Voraussetzung, erschien mir persönlich aber als sinnvoll. Deswegen habe ich das auch so bei meinen beiden Besuchen in Holland gehalten.

Meine Einnahme erfolgte regelmäßig täglich, jetzt nur noch zwecks Vorbeugung, jedoch sehr selten. Diese Mittel habe ich als äußerst positiv empfunden. Untersuchung und tibetische Nahrungsergänzungsmittel kosteten zusammen *weniger* als 100 Euro.

Nebenbei: *Lobsang-La*'s Vater war einer der Leibärzte des *Dalai Lama*.

Iscador Qu, 5 mg

Das ist ein Pflanzenextrakt, der aus der Eichenmistel gewonnen wird. Denn wie in allen von Menschen bewohnten Gegenden unserer Erde, so gibt es natürlich auch in unserer Region Naturheilmittel gegen Krebs (siehe dazu auch meine Überlegungen im Kapitel über die *Spontanheilungen*). Es ist rezeptfrei in allen Apotheken erhältlich (auch online)! Auch von *Iscador Qu* habe ich einen sehr positiven Eindruck. Der Extrakt wird ge- spritzt (meine Frau hat mir die Spritzen in den Bauch gegeben, ähnlich wie bei Insulin). Mit 2 Injektionen pro Woche fing ich an und spritze es derzeit ebenfalls nur noch zur Vorbeugung etwa 1 x monatlich. Ich selbst habe keinerlei Nebenwirkungen erlebt.

CBD-Öle, (Cannabidiol Öle 4 und 10 %).

Das sind nahezu THC-freie Cannabinoide, also aus der Cannabis-Pflanze als Öl gewonnene Wirkstoffe, die man rezeptfrei (nicht so sehr billig, aber äußerst ergiebig) per Internet im Ausland bestellen kann. Ich habe sie tropfenweise (auf Keks) zu mir genommen.

CBD Öl, 4 %, 50 ml (Holland), von *Zamnesia*: *https://www.zamnesia.com/de/*

CBD Öl, 10 %, 50 ml (Österreich), von *Bushplanet*: *http://shop.bushplanet.tv/impressum.html*

Lt. einiger Internetanbieter sollen diese Wirkstoffe nicht dem Verbot des deutschen BTM-Gesetzes unter- liegen. Jedoch habe ich mich - diesen Angaben vertrau- end - nicht weiter darum gekümmert. Gegebenenfalls sollten Sie das jedoch tun! Ich habe mich an die Empfeh- lung gehalten, mit 1 Tropfen täglich zu beginnen. Das habe ich später **je Sorte** auf bis zu 2 Tropfen täglich (aufgeteilt in mehrfache Tagesportionen) gesteigert. Der- zeit nehme ich gar keine Tropfen mehr ein, also nicht einmal mehr zwecks Vorbeugung! Denn ob eine Ein- nahme auch nur zur Vorbeugung überhaupt noch erfor- derlich ist, weiß ich nicht, bezweifle es jedoch. Und mög- licherweise wäre es in meinem Fall sogar nicht einmal nötig gewesen, gleich mehrere pflanzliche Medizinen regelmäßig zu verwenden. Vielleicht hätte ja bereits eine einzige ausgereicht. Abschließend kann ich das nicht beurteilen!

Wie schon gesagt betonen einige ausländische Anbieter, dass CBD-Öle in Deutschland legal seien, denn sie fielen mangels halluzinogener Wirkung nicht unter das BTM-Gesetz. Ich konnte jedenfalls problemlos CBD-Öl von den beiden o. g. Unternehmen per Postversand beziehen. Ein Rezept wurde nicht verlangt.

Zeitweilige Einnahme:

Kurkuma

Das ist ein altes *ayurvedisches* Natur-Krebsheilmittel, bei uns als Gewürz erhältlich. Es ist Hauptbestandteil jeder Currymischung. Die beste, naturreine Qualität ist zu beziehen über *Azafran*.
http://www.azafran.de/

Davon habe ich eine kurze Zeit lang täglich 1 bis 2 Mal ½ Teelöffel voll, in lauwarmem Wasser aufgelöst, getrunken aber bald wieder abgesetzt. Bei der Beurteilung von Naturmedizin habe ich mich übrigens immer nur von meinem subjektiven Gefühl leiten lassen, da mir keine anderen Beurteilungskriterien zur Verfügung standen. Auf Kurkuma war ich gekommen, weil ich vor vielen Jahren einmal in einer indischen Tageszeitung gelesen hatte, dass man in der medizinischen Fakultät einer Universität in Texas festgestellt habe, dass dieses Würzmittel wirksam gegen Krebs sei. Im Internet kann man auch darüber lesen.

Kokosöl

Bestes biologisches, natives, kalt gepresstes Öl, zu beziehen von

100ProBio:
https://100-pro-bio.de/

oder von

BioKokosöl:
https://www.biokokosöl.de/

Kokosöl schmeckt nicht nur sehr gut und kann viel in der täglichen Küche verwendet werden. Es kann anscheinend auch gleich gegen mehrere Krankheiten helfen. U. a. hat es mir beispielsweise sehr gut geholfen gegen eine, sonst kaum therapierbare, Pilzerkrankung (100 % Heilung!). Es soll auch gegen Karies wirken. Wir setzen es zudem gegen Wurmbefall bei Katzen ein, die im Übrigen ebenfalls den Geschmack mögen. Wir mischen es deren Futter bei. Unsere Tochter reibt ihren kleinen Hund damit ein. Seitdem wird er nicht mehr von Zecken befallen.

Über die Wirkung gegen Krebs wird jedenfalls im Internet vielfach positiv berichtet. Aber auch das leckere Kokosöl habe ich nur für kurze Zeit als Krebsmittel angewendet - trotz guten Gefühls. Ich brauchte es einfach nicht mehr. Wir verwenden es jetzt vorwiegend in der Küche. Mhm!

Stachelannone

Bei der Stachelannone (Graviola, Sauersack) handelt es sich um ein Naturheilmittel aus den Blättern, Früchten und anderen Teilen eines tropischen (südamerikanischen) Baumes. Berichten zufolge soll es sich dabei geradezu um ein Wundermittel gegen Krebs handeln. Lesen Sie dazu folgenden Artikel im Internet:

https://bessergesundleben.de/die-stachelannone-wundermittel-gegen-krebs/

Mir fehlt jedoch eine ausreichende Erfahrung, um die beschriebene wundersame Wirkung auch bestätigen zu können!

Alle Teile dieser Pflanze und/oder Früchte werden verwendet. Nach meiner Internetrecherche verkaufen jedoch die allermeisten Anbieter offensichtlich nur das Blattpulver der Graviola, entweder für die Teezubereitung (riesige Preisunterschiede!) oder als Füllung für Kapseln zur Einnahme. Lt. Berichten bieten jedoch die Blätter nur geringe Wirkstoffanteile. Viel wirksamer sollen die anderen Teile der Pflanze sein. Ich habe (nach längerer Suche) daher hier nur den Anbieter erwähnt, dessen Kapselinhalt nicht nur aus dem einfachen Blattpulver besteht! Sie sind auch nicht sehr teuer. Eine Monatsration (3x1 Kapsel täglich) kostet weniger als € 25,-.

Zu beziehen von *Evitashop*.

https://www.evitashop.net/graviola-stachelannone-sauersack-guanbana-annona-muricatalat-p-54.html

Von der Stachelannone hatte ich erst im Dezember 2016 im Internet gelesen. Vorher war mir diese Pflanze nicht bekannt. Habe das pflanzliche Mittel nur interessehalber bestellt und auch kaum verwendet, zumal mein Krebs zu dieser Zeit anscheinend schon geheilt war.

Zahlreiche Studien bestätigen lt. Berichten angeblich, dass die *Stachelannone (Annona, Annona Muricata, Graviola)* eine krebseindämmende Wirkung haben solle. Als leichte

Nebenwirkung könne gemäß Internet-Reporten sowohl beim Tee als auch bei der Kapseleinnahme dünnerer Stuhlgang auftreten. Falls Sie beabsichtigen Graviola anzuwenden, sollten Sie diese mögliche Nebenwirkung beachten und sowieso auch Ihren Arzt auf Ihre Absicht der Anwendung hinweisen bzw. seinen Rat dazu einholen! Und jedenfalls sollten Sie auch die Regel der tibetischen Heiltradition beachten, nämlich eine Zeitspanne von ca. 2 Stunden (davor/danach) zur Einnahme von anderer Medizin einhalten! Das sollte sowieso bei jedem Naturheilmittel so gehalten werden, sofern Ihr Arzt Ihnen nichts anderes sagt.

Ein weiteres natürliches Heilmittel:

Rick Simpson Öl

Als eins der bekanntesten unter den anscheinend wirkungsvollen Krebsmitteln aus der Natur gilt das „Rick Simpson Öl" (= auch Suchbegriff zum Googeln), das aus Cannabisblüten zubereitet wird.

Da ich ursprünglich vorhatte, dieses Öl auch selbst anzuwenden (s. a. dazu auch unten), gebe ich meinen Informationsstand von heute aus Gründen der von mir so gesehenen *Informationspflicht* hier auch an Sie weiter.

Lt. einigen Internetartikeln empfiehlt der „Erfinder", *Rick Simpson*, ein Kanadier, dessen Verwendung anstelle jedes anderen Krebsmittels und sogar jeder anderen schulmedizinischen Krebsbehandlung. *Simpson* habe es früher an andere kostenlos abgegeben und sei dafür auch mehrfach betraft worden, habe ich irgendwo im Internet gelesen. *3sat* berichtete mehrmals über Rick Simpson und interviewte ihn auch. Aufgrund der Illegalität seines

Cannabis-Öls gibt es natürlich keinen Bezugsquellennachweis bzw. mir ist keiner bekannt. Außerdem habe ich selbst auch Zweifel an der so allumfassenden Heilbehauptung des *R. Simpson*.

Dieses Öl kann man sich aus „*medizinischem Cannabis*" anscheinend relativ leicht selbst herstellen. Anleitungen zur Herstellung sind im Internet reichlich zu finden. Am einfachsten kommt mir die Herstellung bei gleichzeitiger Verwendung von Olivenöl vor.

Bei den Pflanzen handelt es sich allerdings um *medizinisches Cannabis*, welches sich von dem in Deutschland gleichermaßen bezeichneten Hanf dadurch unterscheidet, dass es sehr wohl auch den halluzinogenen Wirkstoff *THC* enthält. Diese medizinischen Cannabispflanzen sollen *zu möglichst gleichen Anteilen THC und Cannabidiol-Öle (CBD-Öle),* zumindest aber hohe Anteile der CBD-Öle enthalten. Fertiges *Gras (Marihuana)* der beschriebenen Art gibt es auch in Holland in den *Coffee-shops* nicht zu kaufen. Habe anlässlich der beiden Besuche bei meinem tibetischen *Amchi* in mehreren nachgefragt! Die Betreiber erklärten mir, dass sich die Menschen, die zu ihnen kämen, lediglich anturnen wollten und daher keinen Wert auf medizinisches Cannabis legten.

Aber man kann per Internet *feminisierten* Samen zur eigenen „Indoor"-Anzucht erwerben, z. B. auch bei *Zamnesia*. Das konnte ich selbst feststellen, denn ich hatte wegen meines eigenen sehr gefährlichen Krebses den Selbstanbau beabsichtigt. Jedoch brauchte ich ja dieses Cannabis-Öl recht bald nicht mehr. Also habe ich einen Selbst-Anbau schließlich doch sein gelassen. Mangels eigener Erfahrung kann ich daher nichts weiter zu diesem Öl berichten.

Hinweise zum *Rick Simpson Öl* und zum sogen. „*medizinischen*" Cannabis:

⊙ Von dieser Art medizinischem Cannabis sind <u>keine</u> feminisierten Samen für den „*Outdoor*"-Anbau (Freiland-Anbau) erhältlich. Davon konnte ich mich nach ausgiebiger Internetsuche selbst überzeugen. Wie mir ein *Zamnesia*-Mitarbeiter schließlich auf telefonische Nachfrage erklärte, kann man aber auch den feminisierten *Indoor* Samen für den *Outdoor* Anbau verwenden, wenn die Pflanzen einigermaßen hell, warm und geschützt stehen.

⊙ Falls Sie gegen Ihren Krebs *Rick Simpson Öl* verwenden, dürfen Sie nicht Auto fahren, da darin das halluzinogen wirkende *THC* enthalten ist!

⊙ In Deutschland ist der Anbau (noch) strafbar!

⊙ Es ist hier nicht nur der Anbau strafbar, sondern auch die Anstiftung dazu (Anstiftung zu einer strafbaren Handlung). Da ich mich nicht einer Anstiftung schuldig machen will, rate ich im Grunde nicht dem eigenen Anbau zu! Wenn Sie es dennoch tun, so geschieht das gegen meinen Rat, auch wenn ich an dieser Stelle kurz auf das Wie und Wo eingehe. Das erfolgt aber lediglich zu Informationszwecken! Denn ich kann Sie nicht bevormunden durch Unterlassung derartiger Informationen über Gottesgaben, und damit Ihre eigene Beurteilungsfähigkeit in Zweifel ziehen! Das Öl wurde ja ebenfalls lediglich aus einer Pflanze extrahiert (wie auch das *Iscador Qu*). Somit handelt es sich zu meiner Überzeugung genau so um ein wirkliches Gottesgeschenk!

Ganz sicher existieren noch viele weitere pflanzliche Mittel, die gegen Krebs eingesetzt werden könnten. Es ist die Natur (oder Gott), die uns Hilfe gegen derart schlimme Erkrankungen bietet. Wir sollten sie nicht ungenutzt lassen. Jedoch sollten Sie bei Einsatz von Naturmedizin nicht auf die Hilfe der herkömmlichen, ärztlich verordneten Therapien und Medikamente verzichten. Wie bereits mehrfach erwähnt, sollten Sie Ihren Arzt über Ihre Absicht, zusätzlich auch natürliche Medizin einsetzen zu wollen, befragen und informieren.

Die Heiltradition der Tibeter sagt zwar, dass zwischen der Einnahme von natürlichen, pflanzlichen Heilmitteln und der Einnahme schulmedizinischer Medikamente ein zeitlicher Abstand von ca. 2 Stunden (davor oder danach) liegen sollte, um negative Wechselwirkungen zu vermeiden. Jedoch sagen die Tibeter nichts dazu, ob das auch für Antibiotika gilt. Ich selbst muss aufgrund anderer Gesundheitsprobleme täglich bis zu 11 verschiedene Medikamente einnehmen (kürzlich zeitweilig auch ein Antibiotikum) und halte mich dabei an diese Empfehlung. Bisher konnte ich noch keine unerwünschten Wechselwirkungen feststellen. Das muss aber nicht zwingend bei jedem so der Fall sein! Ob Sie eine Eigentherapie entsprechend meiner Erfahrungen durchführen oder ergänzend zu der Ihnen zuteil werdenden schulmedizinischen Behandlung, ist letztlich Ihre Entscheidung und Ihr eigenes Risiko. Sie sollten jedenfalls Ihren Arzt informieren. Ich selbst kann keinerlei Haftung übernehmen!

Angeblich soll man Naturmedizin nicht nur zur akuten Krebsbehandlung sondern auch zu lediglich Vorbeugungszwecken einsetzen können, wie ich verschiedentlich im Internet lesen konnte. Inzwischen gehe ich selbst ebenfalls so vor und habe die Einnahme derartiger Medizin dementsprechend entweder schon ganz auf Null oder ganz erheblich auf ein Niveau zurück gefahren, welches m. E. für die Krebsvorbeugung ausreichend sein sollte.

Bis auf das *Rick Simpson Öl* habe ich alle hier aufgezählten Naturheilmittel selbst genommen (wenn z. T. auch nur für kurze oder gar nur für sehr kurze Zeit) und kann Ihnen versichern, dass ich in keinem Falle irgendwelche Nebenwirkungen erlebt habe (ausgenommen den leicht flüssigeren Stuhlgang bei der Stachelannone. Habe deren Einnahme auch sehr schnell wieder gestoppt. War ja sowieso nur zu Testzwecken). Allerdings kann ich keine Garantie dafür übernehmen, dass das bei Ihnen ebenso wenig der Fall sein muss. Daher ergab sich für mich noch folgende

Verhaltensregel

Ich sollte *nach* der Heilung nur zu Vorbeugungszwecken noch weiter Naturheilmittel einnehmen, dann aber in reduzierter Menge!

Diese Verhaltensregel gab ich mir aber nur rein vorsorglich, da ich mir selbst nicht sicher war, ob bei mir tatsächlich überhaupt noch Vorbeugung nötig ist.

Das Kapitel abschließend möchte ich noch folgendes bemerken: Vielleicht könnte in einigen Fällen Naturmedizin allein ja bereits schon ausreichen, um Krebs zu heilen oder die Erkrankung zu bessern. Ob das jedoch so ist, kann ich nicht einschätzen. In Fällen schwerster

Krebserkrankungen, wie z. B. meiner eigenen, messe ich diesen aber wohl eher *unterstützenden* Charakter zu. **Für mich selbst waren vor allem die beschriebenen Ethik-Grundsätze maßgeblich mitwirkend!** Ob das bei Ihnen ebenso der Fall sein könnte, kann ich naturgemäß nicht beurteilen, denn ich kann ja nicht die ehrliche und tiefe Ernsthaftigkeit Ihrer ethischen Einstellungen von Außen her beurteilen. Falls Sie beabsichtigen, meinen Ansatz auch für sich selbst in Erwägung zu ziehen, so sollten Sie jedenfalls Ihren Arzt dazu befragen.

Jetzt folgen

Die Regeln

wie sie sich für mich in übersichtlicher, komprimierter Form **als Ausfluss aus der *Nachdenkphase*** ergaben, so dass ich mich leicht an diesen orientieren konnte:

1. Ich sollte so oft wie möglich energiereiche Nahrung zu mir nehmen!

2. Bedächtiges essen der gegarten Speisen und deren gutes Kauen ist wichtig, damit eine gute Vorverdauung schon im Mund stattfinden kann!

3. Ich sollte so viel wie möglich schlafen oder zumindest häufig ruhen. Dadurch kann sich mein Körper voll auf seinen Kampf gegen den Krebs konzentrieren und dazu alle die Energie, die ihm zur Verfügung steht, auch wirklich einsetzen! Dabei lasse ich mir immer wieder die Gedanken von Coué (s. o.) durch den Kopf gehen.

4. Jede nicht unbedingt nötige körperliche Betätigung, auch Sport, Spaziergänge usw. sollte ich möglichst unterlassen. Kostet Energie!

5. Bei der Einnahme meiner Naturheilmittel sollte ich eine zeitliche Distanz von ca. 2 Stunden (davor oder danach) zur Einnahme meiner diversen schulmedizinischen Medikamente einhalten!

6. Sowohl in meinen Gedanken als auch in meinem täglichen Leben sollte ich mich in ethischem Denken und Handeln üben und mich darin auch weiter entwickeln. Das ist sehr wichtig für meine Krebsheilung! Dabei sollte ich mir immer der

Tatsache bewusst sein, dass ich in einer untrennbaren Wechselbeziehung zur gesamten Natur und Umwelt stehe, und zwar *stets* auch mit meinen Gedanken!

7. Ich habe mir zu überlegen, wie ich gegenüber meinen Mitmenschen, gegenüber anderer Kreatur, der Flora oder der Umwelt generell etwas Gutes tun kann. Und das sollte *uneigennützig* geschehen, d. h. ohne dass ich einen materiellen Vorteil daraus ziehe. Schon der ehrliche, ernsthafte Versuch eines solchen *uneigennützigen Vorhabens* zählt, nicht erst das vollendete Ergebnis! **Mir ist ohne jeden Zweifel klar, dass das der wirkliche, eigentliche Schlüssel zur Krebsheilung bzw. gesundheitlichen Besserung ist!**

Ergänzende Information zu Regel 7: Zuerst hatte ich lediglich den wirklich *ernsthaften Entschluss* zu einer derartigen Tätigkeit gefasst und mich dann gedanklich damit beschäftigt. Erst, als ich körperlich wieder in der Lage war, wenigstens langsam mit der Durchführung zu beginnen, startete ich das, was ich uneigennützig noch für meine Familie tun wollte. Das bedeutet, dass es nicht auf den sofortigen Beginn ankommt, sondern erst dann begonnen zu werden braucht, wenn Körper und Geist das auch ermöglichen! Vermutlich können Naturheilmittel dazu unterstützend beitragen. Hauptsache ist der vorangegangene wirklich ernsthafte Entschluss! *HSI* **verlangt nichts Unmögliches!**

Weitere Verlaufsinformation hierzu: Gleich ziemlich zu Beginn führte ich mir die Gottesgaben an Naturheilmitteln unter denen zu, die mir relativ kurzfristig zur Verfügung standen. Dabei handelte es sich um *Iscador Qu* und um die *tibetischen Nahrungsergänzungsmittel* (die ich aus reiner Bequemlichkeit selbst aber als *tibetische Medizin* bezeichne). Mein persönlicher Eindruck war, dass damit wenigstens die *rasante* Verschlechterung meines Krebsstatus' etwas abgebremst und mir dadurch erst einmal Zeit geschenkt wurde für alles Weitere. Aber das sind meine eigenen Erfahrungen. Ich kann natürlich keine Garantie dafür übernehmen, dass das genau so auch bei anderen abläuft!

Gedanken zur Bedeutung der Einhaltung der Regeln.

Etwa im Juli 2016, als es mir zwar schon bedeutend besser ging, ich mich aber noch längst nicht als geheilt einschätzte, wurde ich einmal für kurze Zeit etwas nachlässiger in der Einhaltung vorstehender Regeln, an die ich mich sonst selbst sehr strikt hielt. Nach einer Woche bemerkte ich, dass es mir deutlich schlechter ging. Auch meine Frau betonte, dass ich erneut sehr schlecht aussähe. Nachdem mir klar wurde, dass das an meiner Nachlässigkeit lag, mich an die Regeln zu halten, hielt ich mich sofort wieder sehr genau an diese - mit der Folge, dass es mir bereits *schon nach **einem einzigen Tag*** wieder sehr deutlich besser ging! Das war dann auch äußerlich festzustellen, wie meine Ehefrau betonte. Mein Gesicht sah weniger verfallen aus und meine Stimme gewann neuerlich an Klang. Dass das alles kein Zufall war, zeigte auch das schon geschilderte Beispiel des nicht durchgegarten Auflaufs. **Die Bedeutung der Einhaltung der Regeln wurde mir damit bewiesen!**

Gedanken zu Krebs-Spontanheilungen! oder: *Geplante* „Spontanheilungen"?

Vorsichtig möchte ich einen sich hier anbietenden, weiterführenden Gedanken aufgreifen, den ich oben bereits kurz angedeutet hatte, nämlich den der Frage nach den Ursachen der sogen. *Spontanheilungen* bei Krebs.

Da ich auch diesbezüglich keinerlei Literatur oder Forschungsberichte gelesen habe, weiß ich natürlich nicht, was bereits auf diesem Gebiet gearbeitet worden ist. Allerdings gehe ich davon aus, dass der *Gesamtkomplex der Ethik*, wie ich ihn für meine Krebsheilung als so maßgeblich mitwirkend ansehe, bisher eher wohl weniger umfassenden Eingang in die Forschung gefunden hat. Dazu sehe ich insbesondere das Erfordernis des *uneigennützigen, ethisch wertvollen Vorhabens* einer ernsthaften Betrachtung wert. Vielleicht könnte das ja sogar zu einem neuen Schwerpunkt für eine besondere medizinische Beobachtung in dem Bereich werden

Spontanheilungen kommen nach meinem Wissen nicht sehr häufig vor. Da alles, was auf Erden geschieht, Ursachen hat, muss es auch hierfür Ursachen geben. Es kann auch nicht nur eine einzige sein, die dafür verantwortlich ist! Es muss vielmehr einen Komplex wechselwirkender Gründe geben. Und es kann sich dabei nicht nur um rein physiologische handeln, denn sonst wäre schon längst ein Erkenntniserfolg eingetreten. **Als mögliche Erkenntnisse, die zudem alle *gleichzeitig* umgesetzt sein müssten, zeigen sich als Ergebnis dieser Arbeit folgende:**

1. *Unterlassen der „Breitbandimmunisierung"* des Körpers (s. a. Energiegrundsatz!)

2. Einnahme von Naturmedizin (s. a. Naturheilmittel-grundsatz).

3. Erfordernis positiver ethischer Grundeinstellung und deren Weiterentwicklung (*1. Ethik-Grundsatz*).

4. Erfordernis eines uneigennützigen, ethischen Vorhabens (*2. Ethik-Grundsatz*).

5. Notwendigkeit der Einheit der Ethikgrundsätze 1 und 2 (*3. Ethik-Grundsatz*).

zu 1.: Wie ich im Energiegrundsatz schon dargestellt habe, scheint mir ein gezielter Einsatz der körpereigenen Energie, der weitestgehend, ja nahezu ausschließlich gegen die akute tödliche Bedrohung gerichtet ist, wichtiger zu sein als eine gleichzeitige Stärkung der allgemeinen Immunabwehr des Körpers auch gegen irgendwelche anderen Krankheiten. Das muss warten können (musste es zumindest bei mir), bis die akute Todesdrohung der Krebserkrankung vorbei ist. Ich selbst habe es jedenfalls so gehalten - und es war anscheinend richtig so! Bei den bisherigen Spontanheilungen war es vielleicht eher Zufall, dass von den Geheilten keine übermäßigen körperlichen Aktivitäten zur (Breitband-) Stärkung der Immunabwehr stattgefunden haben. Aber möglicherweise könnte das ja in diesen Einzelfällen von der Forschung näher festgestellt werden.

zu 2.: Ob und inwieweit Naturheilmittel tatsächlich nötig und/oder wirkungsvoll sind, kann ich abschließend nicht beurteilen. Einfluss scheinen sie aber auszuüben! Den Eindruck hatte ich selbst jedenfalls (und weswegen gibt es denn diese pflanzlichen Gottesgaben sonst?).

Das könnte bedeuten, dass schon die rein zufällige Einnahme von Naturheilmitteln ausreichen würde, auch diese Bedingung zu erfüllen. Und wenn meine Überzeugung von der Existenz eines lebendigen Gottes bzw. einer „*Hohen Spirituellen Instanz*" richtig ist, dann bedeutet das m. E. zugleich, dass diese *spirituelle Wesenheit* nicht ungerecht sein wird - mit der Logik, dass es überall auf der Erde in von Menschen bewohnten Regionen auch derartige Naturheilmittel geben muss! Denn eine Globalisierung, wie wir sie heute haben, gab es ja früher nicht. Daher müssten Menschen auch früher schon überall die Möglichkeit gehabt haben, ohne Internet oder globalem Handel an derartige Mittel gelangen zu können. Meine eigene, oberflächliche Recherche im Internet zeigt, dass es wohl tatsächlich in allen Regionen der Erde solche Naturmedizin gibt, die auch zufällig zu sich genommen werden kann, z. B. *Kurkuma* als Gewürz bzw. als Bestandteil jeder Curry-Mischung oder *Kokosöl* als Brat- oder Kochfett usw. Neben den vielen bereits bekannten pflanzlichen „Medikamenten" wird es in jeder Region noch viel mehr derzeit noch unbekannte natürliche Heilmittel mit Krebs heilender Wirkung geben, die zufällig zugleich mit der täglichen Nahrung aufgenommen werden können. Es kann ja auch immer mal wieder den Medien entnommen werden, dass schon wieder irgendwo auf der Welt ein neues pflanzliches Krebsheilmittel entdeckt worden ist (im vergangenen Jahr z. B. eine Pflanze in Australien). Das würde meine o. a. *Logik* bekräftigen!

zu 3. bis 5.: Im Zusammenhang mit der Nachdenkphase betonte ich, dass Ethik darin eine überragende Rolle spielte. Daher ist es für mich durchaus denkbar, dass die Ethik-Grundsätze, wie ich sie dargestellt habe, ebenso bei Spontanheilungen eine ganz wesentliche Rolle spielen. Möglicherweise sind sie ja sogar *die Schlüssel zur Hei-*

lung oder Besserung überhaupt! Zumindest bin ich selbst vom *2. Ethik-Grundsatz* dermaßen überzeugt, dass ich mit der Veröffentlichung dieses Büchleins keinen materiellen Vorteil erlangen möchte, auch nicht indirekt, um die Uneigennützigkeit der Arbeit an dem Buch sicherzustellen. Denn das sollte ja *der* Schlüssel zur Heilung für mich selbst sein - und war es offensichtlich dann auch!

Es ist mir daher vorstellbar, dass Spontangeheilte nicht nur ebenfalls positive ethische Grundhaltungen gehabt sondern „zufällig" auch noch uneigennützig und ethisch wertvoll zugunsten anderer oder der Umwelt gehandelt haben mussten, sei es auch nur in kleinstem Rahmen. Und dass bei denen zudem auch noch die beiden Ethik-Grundsätze 1 und 2 *zugleich* vorlagen, so wie ich es im 3. Ethik-Grundsatz als notwendig beschrieben habe!

Es sind nun vorstehend mehrere Bedingungen genannt, *die alle* **zugleich** *erfüllt sein müssten, um eine Spontanheilung* zu bewirken. In dem hier aufgelisteten Umfang ist das wohl eher seltener der Fall. Das würde ja aber gerade die vergleichsweise geringe Anzahl derartiger Heilungen erklären. Es liegen überwiegend eben **nicht** alle genannten Voraussetzungen **gleichzeitig** bei schwer an Krebs Erkrankten vor!

Vielleicht haben meine Gedanken zur vermutlichen Verknüpfung von Ethik und Krebsheilung zeigen können, dass es nicht so ganz abwegig sein muss, wenn sich die Forschung einmal tiefer dieser Frage eines Zusammenhangs annimmt. Denn wie ich bereits sagte, hat es ja irgendeinen Grund für die Spontanheilungen. Warum sollte nicht hierin der Grund liegen?

Falls meine Überlegungen zutreffend sein sollten, hieße das, dass tatsächlich derartige Spontanheilungen geplant herbeigeführt werden könnten. Natürlich wären es dann keine Spontanheilungen mehr. Deswegen spreche ich in der Überschrift auch von *geplanten „Spontanheilungen"*, wobei ich deswegen den Begriff in Anführungszeichen setzte.

Möglicherweise ließen sich derartige Erfolge dann auch in eingeschränktem Rahmen reproduzieren. Eingeschränkt daher, weil Wissenschaftler ja kaum in das Innere eines Menschen hineinsehen können, um die zwingend erforderliche Ehrlichkeit und Ernsthaftigkeit der ethischen Einstellungsänderung der an Krebs Erkrankten überprüfen zu können. Signifikant häufigere Heilungen sollten m. E. dennoch feststellbar sein.

Warum gerade jetzt?

Die Zeiten, als es noch fast überall auf unserer Erde Naturheilkundige (Schamanen o. ä.) gab, die Dank ihrer Kenntnisse natürlicher Heilmittel in Verbindung mit spirituellen Erfahrungen kranken Menschen helfen konnten, sind vielerorts nahezu vorbei.

Noch in den 80-er Jahren des letzten Jahrhunderts gab es beispielsweise im nepalesischen Distrikt *Chitwan* und in anderen großen Teilen des Landes keinen einzigen Arzt moderner Schulmedizin oder gar ein Krankenhaus. Ein Schamane reiste durch die Gegend, um gegen eine kleine Gegenleistung Kranke zu heilen. Heute gibt es in *Chitwan* beides, modern ausgebildete Ärzte und ein großes Krankenhaus. Der Schamane, den ich selbst noch kennenlernte, hat viel weniger zu tun als früher, und es wird wohl nicht mehr lange dauern, bis er nicht mehr gefragt ist. Denn die einheimische Bevölkerung wird dazu angehalten, eher dem modernen Medizinsystem zu vertrauen.

So verlieren nach und nach überall die wenigen noch praktizierenden „Naturheilkundler" ihre Existenzgrundlage. Die Bevölkerungen begeben sich selbst der Möglichkeiten, entsprechend ihrer alten Traditionen medizinisch versorgt werden zu können? Darin werden die Völker überall in der Welt von deren jeweiligen Regierungen und auch von Interessenvertretern installierter Gesundheitssysteme sehr bekräftigt.

Natürlich sollen auch die heutigen medizinischen und pharmazeutischen Wissenschaften den Menschen dienen und ihnen bei der Heilung von Krankheiten behilflich sein. Sind sie das aber wirklich noch? Von diesem originären Zweck entfernen sie sich mehr und mehr! Mehr und mehr dienen sie vielmehr eher persönlicher Bereicherung einiger weniger!

Selbstverständlich kostet die medizinische und pharmazeutische Forschung sowie die Ausbildung von Ärzten Geld und muss bezahlt werden. Natürlich sollen außerdem auch finanzielle Anreize für Menschen bestehen, um überhaupt im Gesundheitsbereich tätig zu sein! Das darf aber nicht soweit gehen, dass die große Mehrheit der Menschen nicht mehr den benötigten Arzt oder die Medikamente bezahlen kann und deswegen leiden oder sterben muss. Viele haben nun mal nicht das nötige Geld für teure Ärzte und Medikamente und sind auch nicht krankenversichert. In zahlreichen Ländern, nicht nur in Nepal sondern sogar auch in hochentwickelten Staaten wie den USA, können sich nur wenige eine organisierte Gesundheitsversicherung leisten.

<Die Einwohner solcher Staaten müssten zusehen, wie sie Ärzte und Medikamente bezahlen können. Und die Pharmaindustrie finde immer noch mehr Methoden und Wege, um den Kranken das Geld aus der Tasche zu ziehen>, so **n-tv** am 16. Oktober 2016. In seinem Bericht informierte *n-tv* weiter, dass auf Kosten der Kranken mit Wuchermethoden viel Geld gescheffelt werde. Das belegt der Sender mit dem Beispiel eines *Martin Shkreli*, der den Preis für ein lebenswichtiges Medikament gleich um das 55-fache erhöht habe. Doch dieser Fall sei nur einer, stellvertretend für gleiche Fälle vieler anderer Pharmafirmen, stellte *n-tv* fest (vgl. zu allem: *http://www.n-tv.de/wirtschaft/Wie-US-Pharmafirmen-die-Preise-treiben-article18829281.html*) - und zitiert schließlich den Experten *Carroll* mit den Worten *„Die Armen sind diejenigen, die am ehesten verzichten, weil sie sich das nicht leisten können"*.

Das kommt einer Perversion einiger unserer Gesundheits- und Gesellschaftssysteme gleich, die sich eigentlich gegenüber ihren schwächeren Mitgliedern solidarisch verhalten müssten. **Gesundheit nur gegen viel Geld! Ist das gerecht? Wo ist das Mitgefühl geblieben? Darf ein derart unethisches Verhalten wirklich so existieren?** Derzeit findet eine Entwicklung auf dem „Gesundheitsmarkt" statt, der Einhalt geboten werden muss! Dazu soll das vorliegende Skript wenigstens ansatzweise und für einen kleinen Teilbereich einen bescheidenen Beitrag leisten! So habe ich jedenfalls *SEINEN* Auftrag - auch - verstanden!

Darum gerade jetzt!

Anhang:

Mai 2017: In den Nachrichten wurde berichtet, dass in den USA der erste Schritt auf dem Wege zur Abschaffung von *Obamacare* heute getan wurde. Die Gesetzesvorlage hat mit knapper Mehrheit das amerikanische Repräsentantenhaus passiert. Zwar steht noch die Entscheidung des Senats aus, aber ich frage jetzt schon nach dem **christlichen Gewissen der *Republikaner* und der sogen. *Evangelikalen*? Sind minderbemittelte Mitglieder einer Gemeinschaft keine „*Nächsten*" im Sinne des Neuen Testaments der Bibel? Denn *Nächstenliebe* ist doch dessen Kern! *Kein einziger Grund* kann wichtiger sein, als der Grundsatz der *LIEBE ZUM NÄCHSTEN*!** Diese Kernforderung dürfte so oder vergleichbar in allen Religionen der Erde

Gültigkeit haben (im Buddhismus z. B. das *Mitgefühl*). Gibt es für große Teile christlich eingestellter Bevölkerung in den USA etwa doch einen wichtigeren Grundsatz?

Herbst 2017: Die Rückgängigmachung von Obamacare ist im Senat gescheitert. Aber *Mr. Trump* hat noch nicht aufgegeben. Erklärtermaßen ist es auch weiterhin sein Ziel, die Gesundheitsreform seines Vorgängers zu kippen. Hoffentlich hat er auch zukünftig keinen Erfolg.

Mr. Trump macht bereitet mir sowieso Sorge und Angst um unseren Planeten, um das Wohl der Gesamtheit des Lebens auf unserem Globus. Aber da renne ich wohl offene Türen ein.

Warum gerade ich?

Warum gerade ich mit der Erstellung eines derartigen Skripts von Gott beauftragt wurde, war mir nur ganz kurz *nicht* klar. Irgendwo oben ging ich darauf ein, dass ich ohne die beschriebene Angstlosigkeit vor dem Tode nicht das hätte erleben können, was ich als die *Nachdenkphase* bezeichnet habe. Allein diese Angstfreiheit ermöglichte es mir, derart tiefgründig nachdenken zu können. Denn das kann ich betonen: Mit auch nur der geringsten Ablenkung durch Todesfurcht wäre dieser mich am meisten beeindruckende Denkvorgang, den ich je in meinem Leben erlebt habe, niemals möglich gewesen! Zwar werden viele von denen, die sich in der Vorbereitung auf ihr Ende mit dem Tode oder dem Leben nach dem Tode beschäftigen, sagen, dass sie ebenfalls keine Angst vor dem Tode hätten. Aber ob das wirklich so zu 100 % der Fall ist, wie bei mir, dass also nicht einmal ein Hauch von Hauch an Angst vor dem Sterben da ist, dessen bin ich mir nicht so sicher. Das war nach meiner Ansicht die eine Voraussetzung. Eine weitere war, dass ich ja schon etwas Training durch tieferes Nachdenken über mich selbst hatte (siehe an anderer Stelle oben). Und noch eine Voraussetzung mag die gewesen sein, dass ich in einer Region lebe, von der aus es leichter möglich ist, ein Skript wie das vorliegende bekannter zu machen. Möglicherweise hat ER meine Denkkapazitäten zudem als ausreichend genug angesehen, diese Ausarbeitung inhaltlich erarbeiten zu können, obwohl mein schulischer Bildungshintergrund lediglich die *Mittlere Reife* (10 Schuljahre) ist - trotz zweier abgeschlossener Studiengänge.

Aber die zentrale Voraussetzung war wohl vor allem die beeindruckende Denkphase, die die Basis für den vorliegenden Text bildete. Und so schien vermutlich gerade ich zum Schreiben des Skripts geeignet gewesen zu sein. Im Grunde ist es aber unwesentlich, ob ich es bin, der damit beauftragt wurde oder irgend jemand sonst. Es kam in mir eben nur die Frage auf, die ich somit beantwortet habe.

Kommt der Auftrag zu dem Skript wirklich von Gott?

Recht frühzeitig hatte ich den Eindruck, dass meine eigentliche uneigennützige Aufgabe eine andere sein könnte als die, meiner Familie zu helfen, wofür ich ja ursprünglich mein inbrünstiges Gebet an Gott gerichtet hatte. Die Erstellung der Arbeit, die Ihnen hier vorliegt, sollte vermutlich von vornherein mein wesentlicher Auftrag werden. Dafür sprach vor allem, dass meine Gesundung permanent weiter voran schritt, als es eigentlich für die Durchführung der Familienaufgabe erforderlich gewesen wäre.

Es war absehbar, dass die Erledigung des ersten Vorhabens nur etwa 8-10 Wochen dauern würde. Dafür hätte es ohne Weiteres schon ausgereicht, wenn die gesundheitliche Verschlechterung nur verlangsamt worden wäre. Dann hätte ich meine Aufgabe durchaus noch erledigen können. Aber gegenteilig setzte sich die Gesundung immer weiter fort. Das musste einen Grund haben.

Im April `16 suchte ich zum 2. Male meinen *Amchi* in Holland auf, um mir eine weitere Monatsration des tibetischen Naturmittels zu erbitten und um mich erneut entsprechend der altherkömmlichen Medizintradition Tibets untersuchen zu lassen. Danach meinte *Lobsang-La*, dass er zwar nicht in mich hineinsehen könne aber seiner Ansicht nach mein Krebs gestoppt worden sei. Allein das hätte mir ja bereits schon ausgereicht. Deswegen war ich sehr zufrieden mit seiner Diagnose. Noch weitergehender Gesundung hätte es anbetracht meiner damaligen Einstellung gar nicht bedurft.

Aber es blieb eben nicht nur beim „*ist gestoppt*". Der augenscheinliche Heilungsprozess setzte sich weiter fort! Aber *warum* ging er weiter? Ich stellte mir die Frage, ob die seltsame, wochenlange Nachdenkphase wirklich bloß die erbetene befristete Lebensverlängerung begründen sollte?

Die Ahnung einer weiteren Aufgabe hatte ich damals bereits. Aber erst Wochen später wurde diese Ahnung deutlich bekräftigt, als sie sich immer weiter bis hin zur Gewissheit eines Gottesauftrags verdichtete.

Jedoch nahm ich den Auftrag zu dem Zeitpunkt noch nicht wirklich ganz ernst. Es erschien mir viel zu vermessen zu sein, dass gerade ich derjenige sein sollte, der darüber zu schreiben hatte. Denn weder war ich Mediziner, noch fühlte ich mich sonst wie qualifiziert.

Zweifel ließen sich also nicht immer verhindern. Regelmäßig traten dann aber zugleich auch bekräftigende, drängende Gedankenblitze in einer derartigen Intensität auf, dass meine immer wieder erneut aufkommenden Selbstzweifel geradezu weggefegt wurden! So wurde ich offenkundig von *IHM* immer wieder von Neuem überzeugt von der neuen Aufgabe.

Die dennoch latent weiter vorhandene Skepsis führte mich zu zwei neuen Fragen: „Warum gerade ich?" (siehe vorangegangenes Kapitel). Die mir schlüssig erscheinende Antwort darauf leitete über zur nächsten Frage: „Warum gerade jetzt?". Erst, als ich auch darauf eine nachvollziehbare Antwort fand, akzeptierte ich den neuen Auftrag tatsächlich als von *IHM* erteilt. Danach kamen mir - zunächst - nur noch gelegentlich weitere skeptische Gedanken.

Es gab noch weitere Indizien. Die bedeutsamsten darunter waren die verschiedenen Kommunikationswege, die Gott ganz zweifelsfrei verwendete, um mir etwas mitzuteilen. Dazu gehörten von Anbeginn an die unterschiedlichen Krebsanzeichen. Unmöglich! Hirngespinste, werden Sie denken! Verfolgen Sie mit mir die Schilderung derartiger Kommunikationswege mit Gott:

Schmerzen hatte ich keine besonders großen. Lediglich leichtere an der Stelle, an der mir aus der Lunge der kleine Tumor herausoperiert wurde. Dann noch nahe dem Magen, vermutlich dort, wo sich der Zwölffingerdarm befindet und unter dem Brustbein, wo die Bauchspeicheldrüse liegt, wie mir meine Frau sagte.

Schon zu dem Zeitpunkt, zu dem ich noch mit der Familienaufgabe befasst war, traten immer dann leichtere Schmerzen in der Magengegend (oder manchmal auch unter dem Brustbein) auf, wenn ich etwas nachlässiger in der Erledigung meiner Aufgabe wurde. Aber diese leichten Schmerzen **hörten immer dann (ausnahmslos!)** *schlagartig* **gänzlich auf**, wenn ich mich wieder an die Arbeit machte! Der Zusammenhang war so deutlich, so unmittelbar und so zweifelsfrei, dass er mir recht schnell auffiel. Seit dem beobachtete ich das ganz bewusst und aufmerksam weiter. Es bestätigte sich immer wieder! Mir wurde sehr deutlich klar, dass ER diese Zeichen dazu nutzte, mich an das zu erinnern, was zu tun ich versprochen hatte und wofür ER mir längeres Leben schenkte.

..... Diese Zeichen setzten sich auch genau so fort, als ich schon länger mit der Arbeit für dieses Skript befasst war. Hätten sie nicht mehr stattgefunden bzw. nicht mehr *sekundengenau* dann aufgehört, wenn ich wieder an die Aufgabe ging, hätte ich diesen vielleicht ja doch nicht die Bedeutung beigemessen, die sie ganz offensichtlich wirklich hatten. So sah ich sie aber als vertiefenden Hinweis an, von einem echten Auftrag *GOTTES* auszugehen.

Weiter: Irgendwann stellte ich die Liste der „Grundsätze" zusammen, über die ich schreiben sollte. Der *Ethik-Grundsatz* war im Erstentwurf der Grundsätze-Reihenfolge der letzte. Als schließlich der erste grob gewebte Faden mit den wesentlichen Inhalten, mit denen ich die Grundsätze auszufüllen gedachte, fertig gestellt war, fand ich das alles so trivial, dass ich mich fragte, was denn daran so besonders sei, dass ich diese Aufgabe von IHM erhalten haben sollte? Ich wurde zum „ungläubigen Thomas" und erneut unsicher. Diese Unsicherheit war die bis dahin größte des gesamten zurückliegenden Zeitraums. Ich war nachgerade geschockt und äußerst enttäuscht! Erst nach einiger Zeit wurde mir klar, dass ich mit dem wichtigsten Grundsatz, dem der Ethik, hätte *beginnen* müssen!

Denn plötzlich hatte ich genau diese Eingebung. Also änderte ich zunächst einmal schlicht die Reihenfolge. *Sofort empfand ich ein sehr deutliches Gefühl von Zufriedenheit*, obwohl sich inhaltlich ja noch gar nichts geändert hatte. Da wurde mir bewusst, dass das schon wieder, wie so oft, ein Fingerzeig Gottes war, um mich auf den richtigen Weg zu lenken. Ab diesem Zeitpunkt fing ich an, noch sehr viel bewusster als bisher schon auf „*meine*" aus der Tiefe kommenden Gedanken und Gefühle als solche, die tatsächlich von IHM kommen, zu achten! Inzwischen ist mir das zu einer ganz wichtigen Gewohnheit geworden. Ich bin seither regelrecht sensibilisiert, darauf zu achten. Denn nun war mir ja bewusst, dass dergleichen tatsächlich Hinweise von *IHM* sind.

Das machte sich auch dadurch bemerkbar, dass in mir erst *nach* der Umstellung der Reihenfolge der Grundsätze viel intensivere Gedanken zur Frage und Bedeutung der *Ethik* sowie des *Erfordernisses des uneigennützigen Vorhabens* aufkamen. Ja, sehr häufig geschah es, dass Eingebungen auch ganz plötzlich dann auftauchten, wenn ich mich zu einem Zwischenschlaf hingelegt hatte und mich bereits in der sogen. *Alpha-Phase,* also ganz kurz vor dem direkten Schlaf befand. Gerade in dieser Phase sind gedankliche Einfälle nicht mehr vom Bewusstsein gesteuert (aber auch noch keine Träume), sondern kommen aus dem Unterbewusstsein (*C. G. Jung* nennt das, glaube ich, das *„kollektive Unbewusste"*, was ich übrigens wieder mit Gott gleichsetze). Und jedes Mal erschienen mir diese neu auftretenden *„Inspirationen"* derart wichtig, dass der äußerst angenehme *Alpha-Zustand* sofort endete, und ich gleich wieder aufstand, um alles stichwortartig zu notieren, damit ich es nicht vergesse. Auch derartige Abläufe sehe ich inzwischen als weitere Belege dafür an, dass ich tatsächlich den Auftrag von Gott erhielt.

Die Gewichtung der Ethik-Grundsätze wuchs und wuchs und fand kein Ende. Es wurde mir immer deutlicher, dass in diesen der Schlüssel zur Krebsheilung liegen musste! Meine Skepsis war nun endgültig von mir gewichen. Der *„ungläubige Thomas"* war nun definitiv Vergangenheit!

Schließlich will ich noch hinweisen auf einen Umstand, den ich gleichermaßen als Beweis werte, **dass nämlich in mir während der gesamten Schreibzeit *nicht ein einziges Mal* das Bedürfnis entstand, ich müsse irgend jemanden zu irgendetwas befragen! Das war nie der Fall!** Stets hatte ich den Eindruck, dass meine eigenen Fähigkeiten ausreichen würden bzw. dass *HSI* sie dementsprechend so einschätzte, dass ich auch ohne Unterstützung Dritter oder Literatur auszukommen hätte - und schließlich auch ausgekommen bin.

Daher schließe ich dieses Kapitel mit der Aussage, dass ich mir absolut sicher bin, den Auftrag tatsächlich von Gott erhalten zu haben!

Besondere Hinweise

Spirituelle Unterstützung durch Ärzte?

Es besteht die Absicht, im Zusammenhang mit dem Erfordernis richtigen, ehrlichen, ethischen Denkens und Verhaltens, ausgewählte Ärzte zu bitten, denjenigen ein Angebot zur Hilfestellung zu unterbreiten, die dazu einer Unterstützung bedürfen. Ob ich mit meiner Absicht Erfolg haben werde, weiß ich allerdings jetzt noch nicht. Möglicherweise können in einer weiteren Ausgabe des Skripts Kontaktadressen o. ä. angegeben werden.

Zur Übertragbarkeit dieses Ansatzes auf andere tödliche Krankheiten:

Ich sehe die Möglichkeit, dass mein Ansatz auch anwendbar sein könnte auf andere, potenziell tödliche, Erkrankungen. Hinweise darauf habe ich! Bereits auch schon aus denselben Gründen, die in dem Kapitel „*Warum gerade jetzt*" dargestellt wurden, scheint es jedenfalls einleuchtend, dass sich dieser Heilungsweg nicht nur auf schwerste Fälle von Krebs beschränkt. Der dazu erarbeitete Text liegt ansatzweise vor, konnte aber aufgrund einer schweren Augenerkrankung und dadurch bedingten Zeitmangels noch nicht abschließend bearbeitet werden. Das wird jedoch - hoffentlich - mit der nächsten Ausgabe dieses Skripts der Fall sein.

Erfahrungsberichte, Meinungen

Bitte teilen Sie mir Ihre Erfahrungen und Meinungen mit!

Der Begriff „*Vertrauen*" am Schluss des folgenden Kapitels!

Gegen Ende hin scheint sich das Skript mehr und mehr selbst *sinnvoll* abschließen zu wollen. Irgendwann und - scheinbar zusammenhanglos - tauchte in meinen Gedanken das Wort „*Vertrauen*" auf. Ein Gefühl großer Bedeutung dieses Begriffs ergriff mich. Ich merkte, dass mir genau dieses Wort bisher gefehlt hatte. Immer wieder ging es mir durch den Kopf! Dabei überkam mich dann jedes Mal ein deutliches Empfinden von Erleichterung und zugleich eben solches Vertrauen tatsächlich! Mir hat allein dieses Wort, was natürlich immer gleich auch verbunden war mit dem entsprechenden Gefühl, äußerst viel geholfen!

So glaube ich wirklich, dass **Vertrauen** eine ergänzende Kernaussage des Neuen Testaments (wie auch in anderen Religionen) zum Postulat der **Liebe** ist.

Dem Gefühl dessen großer Bedeutung folgend setzte ich den Begriff schließlich zum Abschluss unter das folgende Kapitel. Denn es ist mir vorstellbar, dass er auch Ihnen sehr hilfreich sein könnte. Setzen Sie ihn doch einfach ein wo, wann und in welcher Lebenslage auch immer Sie meinen ihn zu benötigen.

Ende

Neue Lebensfreude hat mich inzwischen erfasst.

Es wurde ja bereits erwähnt, dass wir uns kürzlich ein neues Haus gekauft haben. Dabei handelt es sich um ein 120 Jahre altes Haus, welches wir entsprechend günstig erwerben konnten. Denn über viele Geldmittel verfügten wir nicht. Dementsprechend sehr viel müssen wir daran noch arbeiten, ehe wir dort einziehen können. Das mag vielleicht so in 6 - 8 Monaten der Fall sein.

Aufgrund der zurückliegenden Krankheit bin ich noch ziemlich geschwächt, bestehe nur noch aus Haut und Knochen, ohne jede Muskeln. Irgendwo habe ich mal gelesen, dass diese in meinem Alter auch nicht mehr so schnell zurückkommen. Dennoch kann ich inzwischen sehr viele der anfallenden Arbeiten für unser neues Heim erledigen, wenn es mir auch noch sehr schwer fällt. In der Spitze reichte meine neue Energie sogar schon wieder aus, bis zu 11 Stunden am Tag werkeln zu können. Das bereitet mir sehr große Freude und Zufriedenheit, kann ich damit doch einiges für ein etwas angenehmeres Leben meiner Familie beitragen. Und ein eigenes Zimmer werde ich darin auch noch haben, in dem ich mich an die aus der Tiefe so langsam hoch kommende neue Aufgabe setzen kann.

Vielleicht ist es mir auch noch vergönnt, dabei schöne Musik aus einer großen Sammlung LPs zu hören, die mir von der Witwe meines vormals engsten Freundes Harry aus dessen Nachlass vermacht wurden. Dabei handelt es sich vorwiegend um eine *Unesco Collection, A Music Antology of the Orient*, sowie um mitreißende *Klezmer*-Musik.

Es ist ja nun noch gar nicht so lange her, da wäre das alles wirklich undenkbar gewesen. Irre, nicht war? Nach Pankreas Krebs! Zukunftsplanung war für mich noch im vergangenen Jahr quasi ein Fremdbegriff gewesen.

An anderer Stelle erwähnte ich schon, dass ich bei Weitem noch nicht zufrieden bin mit dem Umfang der Änderung meiner grundsätzlichen ethischen Einstellung und mit meinem Verhalten Mitmenschen gegenüber. Sich in meinem Alter noch zu biegen scheint auch gar nicht so leicht zu sein. Es geht mir manchmal viel zu langsam. Es sind dementsprechend nur kleine Schritte, die ich gehen kann. Aber ich versuche es zumindest ehrlich. Und so langsam geht es voran. Immerhin bereitet mir auch schon der kleinste Erfolg darin Freude.

Die Natur beobachte ich jetzt viel sorgsamer und intensiver als früher und habe zunehmende Freude an allem, was lebt. Manchmal sehe ich höchst interessiert winzigen Spinnen zu, wenn sie sich direkt vor mir über meinem PC-Tisch an ihrem Faden herab lassen. Früher unvorstellbar!

Es gäbe sicher noch sehr viel mehr aufzuzählen, was zur neuen Lebensfreude beiträgt. Das will ich mir aber ersparen. Ermöglicht wurde sie schließlich überhaupt erst durch mein Bestreben, mehr und mehr ethischem Denken und Handeln und vor allem dem dargestellten 2. ethischen Grundsatz zu folgen. Das könnte mich an meinem Lebensabend vielleicht auch dahin führen, überhaupt selbstloser zu denken und zu handeln. Denn dass das auch schon Freude bereiten kann, erlebe ich derzeit immer intensiver.

Für das alles danke ich Gott und freue mich, dass ich meinen mir von *IHM* erteilten Auftrag erfüllen durfte - hoffentlich in *SEINEM* Sinne auch zufriedenstellend.

… Mitgefühl …

… Vertrauen …

Der obligatorische Haftungsausschluss

Dieses Buch basiert *ausschließlich* auf meinen eigenen Erfahrungen und ist dementsprechend weitgehend subjektiv gehalten. Die hier von mir dargestellten Vorgehensweisen der Eigenbehandlung sowie die angeführten Naturheil- und Nahrungsergänzungsmittel sind medizinisch und pharmazeutisch nicht oder nicht abschließend erforscht. Sie ersetzen keine fachärztliche Therapie. Wenn Sie diesen dennoch folgen wollen, so geschieht das auf eigenes Risiko, wobei ich vorherige und begleitende ärztliche Beratung als erforderlich ansehe. Denn weder ich noch Verlag übernehmen Haftung für gesundheitliche oder sonstige Schäden, die in Fällen von Eigentherapie entsprechend dieses *anderen Weges gegen Krebs* (oder sonstige tödliche Krankheiten) entstehen.

Das gilt insbesondere auch hinsichtlich der von mir für mich selbst als *zwingend notwendig* angesehenen Verknüpfung physiologischer Vorgehensweisen mit denen bestimmter Verhaltens- und Einstellungsänderungen entsprechend der Ethik-Grundsätze. Lediglich für diejenigen Leser, die sich nach entsprechender ärztlicher Beratung zu einem vergleichbaren Behandlungsweg ihrer Krankheit entschließen, ist das Kapitel *„Einstieg in den 2. Ethikgrundsatz, leicht gemacht!"* und sind auch die verschiedentlich fett und zentriert gedruckten Empfehlungen, wie ich sie für mich selbst aufgestellt habe, gedacht.

Literatur

Keine, da ich zur Erstellung dieses Skripts keinerlei Literatur zu Hilfe genommen habe.

Zeitfracht Medien GmbH
Ferdinand-Jühlke-Straße 7
99095 Erfurt, Deutschland
produktsicherheit@kolibri360.de